売りたければ

「買ってください」は言うな

創業者が息子社長に伝えた

27のこと

琉球補聴器創業者
森山勝也
MORIYAMA KATSUYA

あさ出版

はじめに

「2025年、中小企業の3社に1社、127万社が後継者難によって廃業の危機を迎える」

決して、おおげさな話ではありません。中小企業庁が提示したシナリオなのです。中小企業の経営者が引退する平均年齢は、70歳前後といわれていますが、2025年の時点で70歳に達する中小企業経営者は全体の6割以上。その約半数が、後継者不在なのです。しかも、そのほぼ半数は黒字会社。事業が順調であるにもかかわらず、廃業に追い込まれるケースが予想されます。

後継者不足の対策としては、M&Aなども注目されていますが、必ずしも経営者が望む解決策であるとはいえません。

幸いにも、私たちの会社・琉球補聴器は約10年前、無事に事業承継することができました。創業者である私から、長男へバトンタッチしたのです。

東京で就職していた長男は当初、会社を継ぐつもりがありませんでしたが、いまは県下で業界のリーディングカンパニーとして業績を順調に伸ばしています。

一方、私は社長に経営を任せて、田舎暮らしを満喫しています。

じつは約3年前、『我が人生に悔いなし　ハッピーリタイア』という本を出版しました。私の半生と琉球補聴器の歴史を振り返りながら、仕事や生き方などについて書き綴ったものですが、思いのほか大きな反響がありました。

たとえば、組織リーダーの方からは「職場の教育に使わせてもらっている」「幹部候補生の啓蒙書にしている」とご連絡をいただいたり、「家族や親戚で回し読みしている」「共感するところが多く、一気に読んだ」という感想が寄せられたりしました。

今回、再び筆をとったのは、中小企業にとって後継者をはじめとする人材の育成が、いっそう重要になっていると実感しているからです。

また、事業承継が大きな課題となっているいま、経営者も自分自身のリタイアについて真剣に考えたほうがいいのではないでしょうか？

こんなふうに思いをめぐらしていると、驚きのニュースが飛び込んできました。

琉球補聴器が、「日本でいちばん大切にしたい会社大賞」審査委員会特別賞を受賞したのです。これは「人を大切にする経営」を実践している企業に与えられるもので、私たちにとっては望外の喜びでした。

この受賞を機に、前著の内容を整理するとともに、私の個人史を織り交ぜて、仕事に対する姿勢や仕事力を高めるコツ、さらに事業承継のドラマを1冊の本にまとめることになりました。

本書が、ビジネスの最前線で活躍している現役の方々や、事業承継を検討している経営者の皆様、さらに人材育成に携わる方々のお役に立つことを願っております。

令和2年4月

琉球補聴器 創業者　森山勝也

1章 不屈の精神は大志に宿る

2章 はじめから万事うまくいくわけがない

3章 社員の「仕事力」を高めるツボとコツ

プロローグ

シナリオのない「朝礼」で心のスイッチが入る

◆「日本でいちばん大切にしたい会社大賞」を受賞

「父が創業し、守り続けてきた会社です。10年前、創業20周年を機に息子である私に事業承継。しかし、未熟な私は後継者として創業者を尊敬せず、社員皆にも迷惑をかけてきました。それから約10年、徹底的に自分と向き合い、社員とともに歩み続けました。このたび、このような賞をいただけることは身に余る光栄であり、また少しでも親孝行になっているのなら、うれしく思います」

平成30年3月、琉球補聴器は「日本でいちばん大切にしたい会社大賞」審査委員会特別賞を受けました。冒頭の言葉は、私の息子である森山賢社長が授賞式で行った挨拶です。

「日本でいちばん大切にしたい会社大賞」は、「人を大切にする経営学会（会長：坂本光司・元法政大学大学院教授）」が実施している表彰で、経済産業省と厚生労働省が後援。「人を大切にする経営」の取り組みにおいて、とくに優良な企業を表彰し、ほかの模範とすることを目的に平成22年度からスタートしています。

そこには、「従業員とその家族」「外注先・仕入先」「顧客」「地域社会」「株主」という〝人々〟を幸せにすることこそ、企業経営の使命と責任であり、それを果たすことが業績の向上につながるという考え方があります。

琉球補聴器は、自薦他薦で審査対象になった108社のなかから選ばれ、沖縄県内初の受賞となりました。

授賞式には、私も出席しました。私としては、審査対象として名前が挙がっただけでも光栄なことであり、まさか受賞できるとは思ってもみませんでした。

「うれしい」というだけでなく、「頑張ってきてよかった」と感無量。社員はもとより、先輩諸氏やお客様との「縁」や「恩」をあらためて噛みしめていました。

◆なぜ、琉球補聴器が選ばれたのか？

受賞にあたり、琉球補聴器が評価された主な取り組みは4つあります。

まず、創業以来、「無借金・黒字経営」をしてきたこと。企業として利益を追求するだけでなく、雇用を通じて社員とその家族の生活を守ってきたからです。

また、「社員の夢をかなえる制度」も注目されました。

これは、社員が思い描く夢の実現を支援する制度で、年間の経常利益1千万円ごとに社員が実現したい夢を1つ選び、費用や休暇取得を会社が後押しする仕組みです。年度末に社員全員が集まって自らの夢をプレゼンし、社員間の投票で支援の対象を決めるのです。

たとえば、「両親を沖縄随一のホテル（喜瀬別邸・現ザ・リッツ・カールトン沖縄）

に泊める」「ハワイでスカイダイビングをしたい」など、微笑ましい夢が実現しています。この制度は、社員のモチベーションを高め、ひいてはお客様の満足度向上につながっているでしょう。

さらに、「人としての成長に傾注した社員教育」も評価されました。

琉球補聴器では、接客術といったノウハウを教えるだけでなく、人間性を高める教育を重視しているのです。

そして、この人材育成の理念・方針は、「朝礼」に色濃く反映されています。審査委員の方々は、朝礼の中身についても高く評価してくださいました。

琉球補聴器の朝礼には、県内外から経営者や企業幹部、大学関係者など、大勢の見学者が訪れていますが、「日本でいちばん大切にしたい会社大賞」の受賞後は、その数が一気に増えて、1年間で200～300名の方々が全国から来訪されました。

そのなかには、加藤勝信・厚生労働大臣（働き方改革担当大臣を兼務）もいらっしゃいます。SP（要人の身辺警護をする警察官）を伴い、ゲストとして朝礼に参加してくださったのです。

◆毎日、1時間半を「朝礼」に費やす

現在、琉球補聴器の朝礼は、朝8時から9時半頃までほぼ毎日、行われています。
なぜ、1日の限られた時間のなかで、約1時間半も朝礼に費やしているのか?
それは、朝礼が社員の「心のスイッチ」を入れるための貴重な時間になると考えているからです。

補聴器を求めるお客様の多くは、難聴で日常生活に支障があったり、他人の声が聞き取りにくいため、寂しい思いをしていたりする方々です。

私たちの仕事は、こうした人々を元気にすることです。必ずしも、補聴器を販売することが最終ゴールではありません。琉球補聴器を訪れた人に「来てよかった!」と思ってもらえるような接客・応対をしたいのです。

そのためには、私たち自身も心が元気でなければいけません。

ところが、社員がいつも元気いっぱいで出社するとは限りません。

たとえば前日、お客様からのクレームを受けたり、上司から叱責されたりして落ち込んでいる。営業成績が振るわず、焦っている……。

あるいは、私生活で問題を抱えているかもしれません。

たとえば、家族と折り合いが悪い。恋人から別れ話が切り出され、仕事に集中できない。老親の介護で疲れている……。自宅を出る直前、夫婦喧嘩をして気がムシャクシャしていることもあるでしょう。社員も、それぞれが心配事や悩みを抱えているのです。

しかし、社員のこうした事情は、お客様にはまったく関係のないことです。イライラしているからといって、難聴に悩むお客様への対応がおろそかになることは許されません。

そこで、私たちは朝礼で声をかけ合い、皆が「心のスイッチ」を入れるようにしているのです。そして、社員全員が「仕事のベクトル」を合致させることで、いっそう仕事に対する意欲がわいてきます。

◆8つの店舗をテレビ電話でつなぐ

現在、琉球補聴器は、那覇本店をはじめとして県内に8つの店舗がありますが、朝礼では各店舗をテレビ電話でつなぎ、全社員に温度差が生まれないようにしています。「言った、言わない」といった行き違いがないようにすることはもちろん、社風の浸透にズレがないように注意しているのです。

朝礼は、社員全員が定時に集合し、姿勢を整えて深呼吸をすることから始まります。「最高の1日」にしようと、心のスイッチを入れるための最初の合図です。

続いて、「経営理念」と「社訓」の唱和。声を揃えて、会社の理念と方向性を心に刻み込みます。

また、職場の教養として「一日一話」にまとめられた冊子を輪読します。これは、その日の行動指針のヒントを得るのが狙いです。

さらに「基本トーク」もあります。接客マニュアルに沿って、ペアでロールプレイング（ロープレ）を行い、「接客の型づくり」をするのです。野球でいえば、ネクストバッターズサークルでの素振りといったところでしょう。

そして、「業務連絡」。各店舗から連絡事項が伝えられるとともに、キャンペーンリーダーからの報告があります。こうした連絡・報告によって、全社と各部門、そして個人の「動き」と「数字」が全社員で共有されます。

ポイントは、結果報告に終わらず、目標達成に向けて一致団結することです。ときには、キャンペーンの内容に合わせたロープレも行われます。

ここまでが約20分間。一般的な朝礼は、たぶんこのあたりで終了するのではないでしょうか？

ところが、琉球補聴器の朝礼では、このあとのコーナーがハイライトになります。

◆フリーテーマで感じたことを自由に話す

それは、「今朝の所感」。社員一人ひとりが日頃、感じていることを自由に話すのです。フリーテーマで、プライベートなことでもＯＫ。

たとえば、ある女性社員はこんなエピソードを披露しました。

「息子の運動会がありました。ところが、息子は前日にガードレールに指をはさんでしまい、包帯でぐるぐる巻きの状態。楽しみにしていたリレーにも出場できませんでした。

私は、息子が落ち込んでいるとばかり思っていましたが、そうでもありませんでした。リレー選手のサポートをしたり、応援に力を入れたりしていたのです。息子の姿を見ていて、どんな状況のもとでも『楽しむ』ことはできるものだと実感しました」

こうした日常の１コマからは、発言者の近況だけでなく、その人の考え方や感性が伝わってきます。仕事とは直接関係のない話ですが、社員間の信頼関係の醸成に一役買っていると思います。

また、仕事の進め方や業務改善に言及することもあります。

「今回のキャンペーンは新たな試みであり、マニュアルがない状態からのスタートでしたが、マニュアルをつくること自体がスキルアップにつながったと思います。こうした経験は、日常業務にも活かせるのではないでしょうか？」（男性社員）

「先日、マイカーを買い替えたのですが、主人のクルマ選びを見ていて考えさせれることがありました。ユーチューブやネット上の議論を調べて、あちこちの店を回るんです。いま主人は40歳ですが、今後、この世代が補聴器を求めるようになったとき、どのように対応すれば、お客様に満足いただけるのかも考えていきたい」（女性社員）

こんなふうに、44名の社員（令和元年現在）が、順番に所感を述べていきます。持ち時間は一人1分ですが、熱が入って時間オーバーになることは珍しくありません。

「今朝の所感」は、和やかな雰囲気のなかで進行し、しばしば社員から大爆笑も起こりますが、社員にとって重要なトレーニングの場でもあります。

自分の言葉で、自分の考えや感想を述べることは、論理思考やコミュニケーションの鍛錬に役立っているのです。お客様との面談では、筋道を立てて話ができるようになり、相手の話を傾聴する姿勢も身についてきます。

かつては、翌日の朝礼に備え、自宅で深夜まで「予行演習」をする新入社員もいました。それが経験を積むうちに、その場の雰囲気に応じて上手に話ができるようになります。カラオケで自慢の歌を披露するように、物怖じしなくなるのです。

朝礼を見学に訪れた人の多くは、社員のショートスピーチを聞いて、たいそう驚かれます。「参った！　私でもできない」と、脱帽する企業幹部の方もいました。

◆社員のボルテージが自然に上がる仕組み

「今朝の所感」が終わると、「イメージ訓練」「挨拶訓練」などが続きます。

社員は、これらの訓練を通して、「仕事モード」への切り替えを加速させていきます。

たとえば、「イメージ訓練」では、全員が目を閉じて「なりたい自分」や「両親」「仲間」などに思いをはせ、「必ずこうなる」と強くイメージします。わずか5分程度の時間ですが、自分をプラス思考にすることができるのです。

また、各自が、その日の行動目標を表明する「ナンバーワン宣言」もあります。たとえば、「壁を乗り越える！　ナンバーワンでいきます」「お客様に尽くす接客！　ナンバーワンでいきます」などと、皆の前で宣言するのです。

「自分との約束」や「仲間との約束」を自分自身に言い聞かせることで、ワクワク感を高めることができます。

「挨拶訓練」では、「ようこそ、お越しくださいました」「いらっしゃいませ」「ありがとうございます」といった挨拶の言葉を笑顔でハキハキと唱和します。

接客用語の唱和は、多くの企業で朝礼に取り入れられていますが、琉球補聴器では「挨拶ひとつで空気を変えられる」ようになることを目指しています。

また、リード役の先導で「はい！」の返事を連呼する「ハイ訓練」もあります。

これは、言われたことに「はい」と即答する習慣が身につけば、「すぐに動ける」

ようになるからです。

このように段階を踏んでボルテージを上げていく朝礼も、1分間の深呼吸で締められます。腹式呼吸で口から息を吐き、鼻から吸うという動作をゆっくり行い、心を整えるのです。

ネガティブな意識は吐き切ってしまい、プラスのエネルギーを取り込むようなイメージをもって、1日を最高の状態でスタートさせることができます。出社したときとは、まるで別人になったように見える社員もいます。

創業してまもない頃、朝礼は私からの「一方通行」で終わっていた時期もあります。雰囲気も、いまよりピリッとしていたかもしれません。

しかし試行錯誤を重ねることで、しだいに社員が朝礼をリードできるようになりました。たとえていえば、監督のサインで選手が動く「野球型」から、監督がピッチの外から指示を出す「サッカー型」、さらに監督はベンチにも入らない「ラグビー型」

へと変化してきたのです。

社員全員がメインキャストを演じられるようになったいま、社員に「やらされ感」はなく、朝礼のテンションはとても高い。久しぶりに朝礼に参加すると、私のほうが照れくさくなるくらいです。

◆「当たり前」の積み重ねで「奇跡」が起きる

琉球補聴器の朝礼は一見、型破りですが、その根底にあるのは「自立した社員」を育て、「チーム力」を高めたいという、経営者なら誰もが抱く思いです。

当然、朝礼だけでなく、日々の業務のなかでも社員教育に力を入れました。

ただ、ここで誤解しないでいただきたいことがあります。

それは、有能な人材を育成するために、なにか特別な方法を用いているわけではないということです。

私が大切にしているのは、「損得抜きで、お客様に尽くす」「やればできると信じて、自分の殻を破る」「途中で諦めず、楽しいと感じるまでやり続ける」といった信条のもと、当たり前のことをコツコツと積み重ねる努力です。

つまり、誰でもできる小さなことの積み重ねが、大きな成長や成果につながるのです。まさに「微差が大差を生む」というわけです。

現在、琉球補聴器は沖縄本島をはじめ、宮古島や石垣島、そのほかの離島を含めて沖縄県のほぼ全域で補聴器の普及とアフターサービスの提供ができるようになりました。県内シェアは70％、リピート率90％です。

この驚異的な数字も、社員の地道な努力によって達成できたことなのです。

じつは、こうした社員の行動原則は、私自身の「仕事の流儀」にも通じます。私が経験によって身につけたコツやノウハウが、社員教育にも反映されているのです。

◆仕事も会社も自己成長の「道具」

昭和62年、私が40歳のときに琉球補聴器を設立しました。以来、60歳で社長を退任するまで、年中無休で働いてきました。

当時を振り返れば、ときには弱気になって「誰かに助けてほしい」とか、「状況が一変してくれれば……」などと、天を仰いだこともありました。出張で飛行機に乗る際、「このまま墜落すれば、どれだけ楽になるか」と考えたことさえありました。

また、社員やスタッフのマネジメントでも頭を悩ませました。入社しても、すぐに辞めてしまう社員もいました。名もない小さな会社で、採用と人材確保は悩みの種だったのです。

しかし、悪戦苦闘しながらも、社員が成長し、会社の業績は上がっていきました。

そして平成23年、63歳で会長職からも退き、いまは沖縄本島北部で田舎暮らしを満喫しています。

「リタイアするには、早いんじゃないか?」

多くの人が、こう思うかもしれません。詳しくは本論で述べますが、50代半ばに大病を患ったことを契機にプレイングマネジャーから身を引く（いわゆる営業活動から離れる）ことを決意しました。

日本は世界一の長寿国ですが、「健康寿命」となると、それほど長くはありません。

私はいま、残された時間でいかに人生を楽しむことができるかを追求しています。

しかしその一方で、これまで精魂を込めて仕事に取り組んできたからこそ、「ハッピーリタイア」が実現したと確信しています。

つまり、仕事や会社が、私を成長させてくれた。言い換えれば、会社も仕事も、自己成長の「道具」なのです。

令和元年、私は72歳になりました。

そして、悔いのない人生を送るには「いま」を丁寧に生きることが大切ではないかと考えています。

別の言い方をすれば、将来を見据えて自分を磨けば、どこでも通用する人材になれるし、引退後の生活も安心でしょう。

これから、そのヒントになるお話をしていきたいと思います。

1章

不屈の精神は大志に宿る

1

「苦しくて壁に当たっても大丈夫。泥棒以外は勇気をもってやりなさい」

母の言葉を心に刻む

◇離島での平穏な日々

プロローグで述べたように、琉球補聴器は黒字・無借金経営を続け、多くの方々からご支援をいただける会社になりましたが、ここに至るまでには紆余曲折がありました。

これから、その歴史を振り返りながら、私が「大切にしていること」をお伝えしようと思います。

まずは、創業者である私の幼少期にさかのぼって、話を始めましょう。

私は、宮古島から約62キロ離れた多良間島《たらま》で、四人きょうだいの長男として生まれました。ひとつ屋根の下で、祖父母、父母、姉弟とともに生活していました。

当時、多良間島で暮らす人々の多くは、農業で生計を立てていました。私たち家族も、サトウキビを中心にサツマイモや小麦、大豆などを栽培し、馬や豚、ヤギを育てながら自給自足の暮らし。大自然のなかで、祖父母を長として三世代が助け合いながら、平穏な日々を送っていたのです。近隣のお年寄りからも、愛されていたと記憶しています。

しかし私が10歳のとき、父は大きな志をもって宮古島に移住しました。親戚や知人からは反対されましたが、子どもの将来も考えたうえでの決断でした。

◆港での売り子体験で得たもの

新天地での生活は、必ずしも安楽なものではありませんでした。家族が4畳半1間で寝食をともにし、薪をくべて食事をつくるような暮らしです。

しかし、家族全員が協力して生活することは楽しかった。

当初、農業と建設業で現金収入を得ていましたが、家計は苦しく、父母はいくつもの仕事をかけもちしていました。

私も長男として、少しでも家計を助けたいという思いから、近所の家で水汲みなどの手伝いをして、わずかながらも手伝い賃を稼いだり、さまざまなアルバイトをしたりしました。

たとえば、港での売り子。母と姉、そして私で、宮古島の玄関口である平良《ひらら》港を利用するお客様に、お菓子や船酔い止めの薬、船のデッキと岸壁を結ぶ「別れの紙テープ」などを売っていたのです。

ただ、港湾施設内で商売をすることは認められていなかったので、港の職員に見つかると注意されました。

幼い私にとって、「お金を稼ぐ」ことは容易ではありませんでした。港の利用者に手当たりしだいに声をかけても、商品は売れません。そこで、大柄な大人の陰に隠れるようにしながら、相手をよく観察して話しかけるようにしました。

別れを惜しんで涙を浮かべている人には「この紙テープで、別れの握手をしませんか？」とささやき、子ども連れの旅行者には「長旅になるので、お菓子を食べて過ごしてください」と勧めたのです。

すると、どんどん商品が売れていきました。

「勝也は商売の天才だよ。頑張ったね」

母のひと言は、私にとって大きな励みでした。

◆母は恥ずかしがる私を叱咤激励した

夏には、アイスキャンディーを売った経験もあります。

アイスキャンディーが溶けないように毛布でくるみ、木箱に20本入れて夕方から「冷たいアイスキャンディーはいかがですか?」と、呼び込みの鐘を鳴らしながら街中を練り歩くのです。

まだ小学生だった私は、同級生にその姿を見られるのが恥ずかしかった。実際に、笑われたり、からかわれたりしたこともあります。

そんなときに母から言われたことは、いまでも鮮明に覚えています。

「苦しくて壁に当たっても大丈夫。泥棒以外は勇気をもってやりなさい。恥ずかしがることはない。なんでもやりなさい」

「人が悲しんだり、人に迷惑をかけたりすることは絶対にやるな」は両親の口癖でしたが、その一方で「ボロを着ていても、心はつねに錦だよ。そうすれば、どんな困難にも立ち向かえる」と叱咤激励してくれていたのです。

付け加えるなら、私は親の「背中」を見て、この言葉の重さを感じていました。

たとえば、母は早朝、栽培した野菜を市場に出すことで、わずか数百円の売上を得ていましたが、そのお金を箱に入れ、きちんと帳簿をつけていたのです。

2
1カ月間、那覇近郊の電器店を徒歩で回った

職探しで苦労した18歳の私

◇アルバイトと手伝いに精を出した少年時代

宮古島の方言に「アララガマ精神」という言葉があります。これは、一般に「なにくそ、やるぞ。負けてたまるか！」と、大きな困難に立ち向かう気概をあらわしています。「不屈の精神」と言い換えることができるかもしれません。

宮古島出身というと、子どもの頃から根性があったと思われるかもしれませんが、そうではありません。

中学進学にあたって、私は学生服を買うことができず、小学校時代の半ズボンをはいて登校しました。入学式では、私だけが半ズボン姿。さすがに恥ずかしい思いをしました。

私は貧しさを恨んだり、親に反抗したりすることはありませんでしたが、かといって、堂々と胸を張っていたわけでもありません。

ただ、こうした苦しみを一つひとつ乗り越えていくことで、力強さが培われていったのはたしかだと思います。

早朝5時、母が飼育していた4頭の豚のエサ（泡盛《あわもり》の酒粕《さけかす》）を買いに行くのは私の担当でした。そして学校から帰ったら、塩水を汲みに行く。母が製造する豆腐に塩水が必要だからです。また、近所の老人宅で水汲みの手伝いなどもしました。

幸い、友人に恵まれ、隣人や先輩からも大切にされました。地域の集落を1軒1軒回って、朝の挨拶をする「早起き会」に参加したり、環境整備の一環として清掃活動などもしました。

高校時代には、港でセメント袋やサトウキビの積み降ろしのアルバイトをしたり、農繁期に近隣農家の手伝いをしたりしました。

その一方、とにかく数学を一所懸命に勉強しました。小学校時代には、そろばん塾に通う経済的な余裕はなかったものの、教室の外でそっと耳を傾け、読み上げ算を繰り返し練習していました。

数字に強くなったことは後年、ビジネスを展開するうえでたいへん役に立ちました。

また、「将来、船のエンジニア、ひいては機関長になりたい」という漠然とした夢を抱いていたので、海技士の資格も取得しました。

ただし、この夢は実現しませんでした。

高校卒業後、大型船舶の専任スタッフとして就職することが内定していましたが、1年の半分以上を船上で過ごす船乗りになったら、家族と一緒に暮らせません。そのことに気づき、内定を辞退したのです。

◆電器店への就職を目指した

私は高校を卒業すると、職探しに宮古島から那覇にやってきました。

じつは、ここからが試練の始まり。18歳の私は、風呂敷に数枚の下着を包んで、約14時間におよぶ船旅の片道切符を握りしめていました。

日が暮れて、漆黒の海を船が進みます。沖縄本島に近づくと、水平線が光り輝いている。那覇の街を照らす明かりです。これまで目にしたことがない光景を前に、感動していました。

しかし、那覇の地に降り立った私の身なりは、田舎から出てきた高校生のようでした。とりあえず、畳屋を営んでいた親戚を頼って、工場の一角で寝起きさせてもらいました。畳を張り替える工作台がベッド、ゴザは布団代わりです。洗面は公衆トイレで済ませ、近くの市場で売れ残りの野菜などを集めて、夕食にしたこともあります。

しかし、朝5時前には身繕いを終えて、職探しに出かけました。

私が希望した就職先は、電器店です。当時、洗濯機やテレビが普及し始めた頃だったので、「家電製品の時代」が来るだろうと予感したのです。

来る日も来る日も、電器店の看板を見つけて、「雇ってくれませんか?」と、飛び込みでお願いしました。求人誌などない時代なので、勘を頼りに手当たりしだいです。

バス賃もないので、徒歩で探し回りました。ときには、徒歩で3～4時間かかる地域を足早に駆けて行きました。

こうして1カ月間、那覇近郊や現在の沖縄市の店を訪ね歩いたのです。

ところが、就職先は見つかりません。諦めかけていたとき、思わぬチャンスがめぐってきました。

3 下働きでも「きっといつかは」と志を高くした

前向きの姿勢を貫いてチャンスをつかむ

◇運よく倉庫係の職を得る

計画したことが、そのとおりにならない――。これは、誰でも経験することです。その一方で、予期せぬ出来事によって、チャンスを手にすることもあります。

私は、社会人としてのキャリアをスタートさせたとき、この両方を体験しました。

当時を振り返って思うのは、「遭遇する出来事がいかに偶発的であっても、それを生かすも殺すも本人しだい」ということです。

「偶然」を味方につけて「チャンス」につなげるには、何事にも前向きに取り組むことが大切なのではないでしょうか？

「いったん、宮古島に帰ろう」

那覇での職探しを諦めかけていた私は、帰りの船賃を稼ぐため、港で船荷の積み降ろしのアルバイトをすることにしました。

ところが、その仕事にもなかなかありつけません。3日間ほど、埠頭でバイト探しをしていると、ようやく係員から声がかかりました。

船荷を担ぐのは重労働でしたが、数日の勤務で宮古島までの切符代を稼ぐことができました。そして、いよいよ帰ろうと覚悟を決めたとき、居候《いそうろう》させてもらっていた畳屋の親戚が、ふらりとやってきてこう言いました。

「電器店の倉庫係を探している人がいるんだが、勝也、どうする?」

「電器店」という言葉を聞いて、私は小躍りしました。倉庫係であろうと、電器店で働けることは、このうえなくうれしかったのです。

さっそく紹介された会社に出向くと、その場で採用されました。

◆いつも気持ちだけは前向きだった

その会社は大手電機メーカーの代理店でした。50名ほどの社員がいて、車両も70台ぐらいはあったでしょう。県下では、有数の電化製品の卸店だったと思います。

ただ、私の仕事は、本土の電機メーカーから届く木箱から電化製品を取り出し、倉庫に並べるという、いわば雑用係でした。

扇風機や洗濯機などが入荷されるたびに、それらを2～3階まで担いで運びました。シャツが絞れるくらい汗をかきましたが、真冬でも水道の蛇口をひねって身体を洗っていました。

厳しい労働環境でしたが、気持ちはいつも前向き。仕事があるだけで、うれしかったのです。

始業時間は午前9時でしたが、私は毎朝7時には出社していました。会社のシャッターが開く8時45分までの間は、社長や営業担当者が乗る車を洗います。

そして、先輩社員の出社に先んじて、床のモップがけをしていました。毎朝、私が掃除をしているので、最初は清掃員だと思われていたかもしれません。

「いつも会社をきれいにしてくれてありがとう」

こんなふうに声をかけてくれる人が増え、顔と名前を覚えてもらえました。

◆営業マンとしての一歩を踏み出す

このようにして少しずつ職場に溶け込んでいきましたが、先輩社員の足手まといにならないかと、ビクビクしていた時期があったことも事実です。

立派な学歴があるのでもなく、社内にコネがあるわけでもありません。後輩が入社してきても、私はあいかわらず力仕事の下働きばかり。「冷や飯を食わされているのではないか？」という思いもどこかにありました。

しかし、ここでくじけては元も子もありません。私は「なんとかなる」と、志を高くもち続けていました。

自分自身を鼓舞しながら日々の仕事に打ち込んでいると、次のチャンスがめぐってきました。

「森山君、運転免許をもっているんだって？　それなら、トラックの運転をしてくれ

ない か？」

突然、上司から声がかかりました。当時、自動車の運転免許をもっている人は、それほど多くありませんでしたが、私は高校3年の春休みに免許を取得していました。

まもなく、私は倉庫係から商品輸送の部署へ異動し、新たなフィールドが開かれました。

私は得意先に出向くと、いつも元気に大きな声で挨拶していました。

もともと声は大きかったのですが、幼少の頃から売り子の手伝いをしていたおかげで、誰にでも笑顔で声をかけられるようになっていたのです。担当者の名前もすべて覚えていました。

こうしたことが、担当者の信頼を得るきっかけになったと思います。

そして、しばらくすると営業部長から「得意先回りで顔と名前を知られるようになったのだから、営業を担当してほしい」と言われました。

倉庫係から営業になったことは、私にしてみれば大出世。入社3年目のことです。

4
人から頼りにされる「便利屋」でありたい。そこからチャンスが生まれる

見返りを求めない付き合いが実を結ぶ

◆「自分の仕事」を自分で見つけた

お客様から頼りにされ、「あなたから買いたい」と思わせることこそ、本物のプロになるための技術だと思います。

私の場合、幸運にも20代前半でそのコツを学ぶことができました。

大手電機メーカーの代理店に就職して5年目、営業マンとして最初の転機が訪れました。代理店の統廃合によって、勤務先が従来の問屋から小売に業態転換したのです。沖縄県内に3店舗を構え、40~50名の社員がオーディオ機器、家電などを手広く販売することになりましたが、私個人は苦境に立たされました。

当時はベトナム戦争の真っ最中で、米軍基地内の売店（PX）ではオーディオ機器が飛ぶように売れていました。しかし、そのマーケットは、すでにスゴ腕の先輩たちが取り仕切っていました。

私は家電部門に配属されたものの、個人消費のマーケットは限られており、素人が入り込める余地はありません。「私が販売できる商材がない。このままでは、赤字社員になってしまう」と考えていたのです。

「会社のお荷物にはなりたくない」という一心で商材を探し回るなか、業務用のスピーカーにビジネスの可能性を予感しました。業務用スピーカーは、拡声器として学校や公民館などに設置されていましたが、私は選挙の遊説で使われる車載スピーカーにターゲットを絞りました。選挙があるたびに、需要が見込めるからです。

営業活動は顧客名簿の作成からスタート。新人候補の住まいを割り出し、「立候補されるそうですね。おめでとうございます」と飛び込みで訪問しました。

しかし、1セット50万円ほどの高価な機材なので、簡単には売れません。「このスピーカーを購入し、クリアな音声で先生の夢や政策を訴えてはいかがでしょうか?」などと根気よくアプローチしていくうちに、1台、2台と売れていきました。

そこで次は、その実績をもとにリストをつくり、過去に当選した候補者の名簿を照会するなどしながら、営業活動を展開しました。

販売できるのかどうか、手探り状態の日々は苦しいものでしたが、徐々に車載スピーカーは売上実績を伸ばしていきました。

◇「人から頼りにされる」を肌で知る

車載スピーカーを販売するなかで、音響のメカニズムについて勉強していました。マイクロホンやアンプ、ミキサー、スピーカーなどの音響の基礎を習得し、その時代のトレンドや人気機種などの情報を集めたのです。

そのことが、私のステップアップにつながりました。

ある程度、音響に詳しくなると、繁華街のディスコにもスピーカーを売り込めるようになり、それをきっかけに自分なりのビジネスモデルをつくることができたのです。

私は元来、人間が大好きです。だから、ディスコのスタッフやＤＪとも友達になり、仕事が終わると、着替えてディスコに繰り出していました。

とはいっても、踊りに行くわけではありません。従業員に代わって入場の受付をしたり、ＤＪさんが流すレコードを楽曲に合わせて準備したりしたのです。

また、ディスコでは大音量で音楽が流されるので、スピーカーがパンクすることがあります。そんなときも、私の出番です。

深夜の1時、2時。しばしば、ディスコのスタッフから「スピーカーが壊れた」と、私の自宅にＳＯＳの電話がかかってくることがあります。私はすぐさま、自宅に置いてある——会社の許可を得て保管している——修理用部品を手にバイクで駆けつけ、部品交換を行います。ものの10～20分で修理を終えれば、お客様に入場料を返金しなくて済むので、私は頼りにされていたと思います。

◆「お手伝い」から「ビジネスモデル」が誕生

このようにして、店（ディスコ）と私の関係は深まり、オーナーさんからも信用されるようになりました。クリスマスイブや大晦日などの年末シーズンには、1晩で数百万円というお金が集まります。私はその大金を預かり、翌日、事務所に届けるということまでするようになりました。

そんなことをしていると、こんどはディスコの従業員が家電を買ってくれるようになりました。若い彼らが結婚し、家庭をもつと家電が必要になるからです。

ただ、彼らには購入資金がありません。そこでオーナーさんがいったん費用を肩代わりし、毎月の給与から天引きするという仕組みができ上がりました。

「購入の費用は俺が出すから、安心して森山さんから買えばいい」

クレジット販売が一般的ではなかった当時、この仕組みは従業員個人にとって好都合であると同時に、従業員の士気を高めました。このディスコは人気店として繁盛し、オーナーさんにとっても、望ましい仕組みになっていたのです。

まもなく私は、この一連の流れをモデルに、那覇市内にある多くのディスコでビジネスを展開することができました。見返りを求めずに始めた「お手伝い」が、大きな「商売」に発展したわけです。

5

「オマエみたいなやつは来るな」こう叱ってくれたK氏は我が人生の師

幸運な出会いが成長の起爆剤となった

◆日陰商品の潜在需要を掘り起こす

種をまき、根を張らせ、大木に育てる――。アイデアがビジネスモデルに昇華する過程は、こんなふうにイメージできます。

1軒のディスコでの手伝いから、汎用的なビジネスモデルが誕生したように、私は「誰も気にとめていない、新たなビジネス」を生み出すチャンスを虎視眈々《こしたんたん》と狙っていました。これから述べる「カセットテープ販売」は、その代表例です。

私が20代後半だった頃、カセットテープの売上は社内でそれほど注目されていませんでした。いわゆる日陰の存在だったのですが、この商材を表舞台に引っぱり出したのです。その時点では、カセットテープ販売の将来性は未知数であり、はたしてビジネスになるのかどうか、自信はありませんでした。

しかし、行動しないことには、チャンスをつかむことはできません。

そこで私は、品質に定評があったメーカーと取引を開始し、その一方で市場の開拓に乗り出しました。

ただし、やみくもに宣伝しても効率が悪い。私は沖縄に駐留していた約10万人におよぶ米兵にターゲットを定めました。彼らはおしなべて音楽好きであり、しかも本国の家族とはカセットテープを手紙代わりに使っていたので、大きな潜在需要が期待できたのです。

◆人生の師・K氏から学んだこと

私が人生の師と仰ぐK氏と出会ったのは、基地の町・コザ（現・沖縄市）に出向き、ミュージックショップに飛び込み営業をかけていたときでした。カセットテープを販売する流通ルートを探すなかで、販売会社を経営するK氏に協力を求めたのです。

ところが、最初はまったく取り合ってもらえませんでした。それどころか、「オマエみたいなやつは来るな」とさえ言われたほどです。5～6時間、立たされたまま「常識に欠ける、ダメなやつだ」などと説教されたこともあります。

当時の私は、自堕落な生活を送っていました。週末は午前2時、3時まで飲んで、日曜日は昼頃まで寝ていたり、1日中ダラダラと過ごしたりしていました。

結婚して子どもが生まれ、生活が少しずつ安定してきて気が緩んでいたのかもしれません。そんなとき、K氏に出会って喝《かつ》を入れられたのです。

そのおかげで、私の生活習慣は一変しました。


冷たく突き放しても食らいつく私に対して、K氏は少しずつ心を開いてくれました。

ある日、「そこまで言うなら、少し森山のところから買おうかな」とカセットテープを発注してもらえました。

それ以来、K氏は私にビジネスの厳しさや日本経済の見方、さらに人としてのあり様から人をもてなす接待のしかたまで、さまざまな事柄を教えてくださいました。

また、K氏はたいへんな読書家で、自社のスタッフなど5～6人のメンバーで読書会を毎週のように開いていました。私もその読書会に参加するため、バイクでコザまで出かけました。それまでほとんど本を読まなかった私も、一端《いっぱし》の読書家になったのです。もちろん、本を読む習慣はいまも続いています。

じつは、Ｋ氏は経営者であると同時に牧師でもあります。哲学や神学についても詳しく、とても思慮深い方だったのです。

◆Ｋ氏との二人三脚で売上が大幅アップ

Ｋ氏との交流は、私が人間として成長するためにかけがえのないものでしたが、カセットテープの販売においても劇的な成果を生みました。

Ｋ氏の人柄に強く惹かれていた私は、Ｋ氏との二人三脚でさまざまな販売戦略を立て、果敢に実行しました。

たとえば、大量のカセットテープが保管できる「倉庫」をつくり、急増する注文に備えました。賃貸で部屋を借り、木工所で加工してもらった木材やベニア板を使って商品棚を手作りでしつらえたのです。

また、カセットテープの売上を増やす手立てとして、空《から》のテープに音楽を録音したこともあります。当初は、小さなカセットデッキでダビングしていましたが、A面とB面を同時に高速ダビングできる機材を見つけてから、一挙に作業が効率化され、売上増に直結。米軍では、毎月1日と15日が「Pay Day（給料日）」になっており、その日の売上はたいへんなものでした。

さらに、この音楽カセットを10～20巻のセットで販売したところ、それも大ヒット。代金がレジスターに収まらず、段ボール箱にドル紙幣を詰めていました。

その頃になると、K氏と私は強い信頼関係で結ばれ、日々の現金売上を私が預かり、翌朝、銀行に入金するという仕事も任されていました。

カセットテープの売上は右肩上がりで、私の社内評価も上がりました。その一方で、「いま独立すれば、もっと儲かるんじゃないか?」と助言してくれる人もいました。

しかし、私は「社長には、路頭に迷う寸前だった私を拾ってもらった恩義がある。K氏に教えてもらったことが財産になっているから、それで十分だ」と考えていました。もちろん、そのまま会社員として働き続けました。

6
素直だからこそ、自分の殻を破って脱皮できる

頭がいいだけの人では会社を支えられない

◇過酷だった営業マン育成の研修

私にとって、大きな成長の機会となった出来事があります。30代半ばのことです。きっかけは、大手電機メーカーが代理店や販売店の従業員を対象に開いていた研修を受講したことです。

この研修は、とても厳しく、カリキュラムは独特でした。4泊5日ぐらいの日程で行われたのですが、20～30名ほどの受講生のうち、3分の1の人が途中で脱落するほどです。

朝、4時に起床すると、マラソンに始まり、5S活動（整理・整頓・清掃・清潔・しつけ）の徹底指導、表現力の訓練、ビジネスで使われる「数字」の見方やつくり方、お客様への対応などと続き、営業活動に必要な要素がすべて盛り込まれていました。

そのなかで、とくに印象に残っているのは、営業に欠かせない表現力の訓練。「笑う」「怒る」といった喜怒哀楽から、「アリよりも小さな生き物になる」といった不思議なものまでさまざまな課題が出され、参加者全員の前で身体全体を使って表現しなければなりません。もし、そこで恥ずかしがったり、躊躇《ちゆうちよ》していたりすると、鉄拳が飛んでくることもありました。

また、「生きることとは?」「なぜ、働かなくてはならないのか?」などの課題が出され、作文を書く訓練もありました。睡眠時間が十分にとれず、頭が朦朧《もうろう》とすることもしばしばです。

研修というより「特訓」の名にふさわしい内容でしたが、そこで徹底的に叩き込まれたのは、「やればできる、やらねばならぬ、何事も」というプロ戦陣訓です。

◆キャンペーンで「やればできる!」を実証

この研修のすばらしいのは、受講後の「実践」で受講者が肚落《はらお》ちするまでフォローされていることです。

私が受講した研修では、「○○の商品を×月×日まで、△台を売る」という課題が出されました。しかも、「一切の値引きなしの定価販売」「分割払い不可の現金取引」、あるいは「クレジット契約」という条件付きです。訓練が実践につながるまで、教官がにらみを利かせているので、やらざるを得ません。

私も受講後、会社に戻って実際に営業活動をすると、通常の2・5倍ぐらいの成果を出すことができました。

私はこの経験をもとに、社内でキャンペーンを企画しました。

具体的には、ビデオデッキを月間70台販売するという目標を掲げました。それまで月に1～2台しか売れなかった商品だったので、社員からはブーイングの嵐でした。

「月間70台？　そんなこと、できるわけがないだろう」

「森山がヘンな研修を受けてきた。どうして、そんなことに付き合わなくてはならないのか？」

周囲から冷たい視線を浴びせられましたが、私は研修の成果を実感していたので、ひるむことはありませんでした。電機メーカー本社から商品70台が届き、倉庫に納められました。そして、山積みにされた商品を眺めながら、作戦を立てました。

まず、顧客リストを作成。そして、私自身が手本を見せることにしました。

最初の1週間で、3台の販売実績をつくりました。多少、サバを読みましたが、成約をあらわすバラのマークを掲示板に刺していくと、それに触発された社員が奮起しました。

半信半疑だった社員も1台、2台、3台……と売り上げていき、じわじわと潮が満ちてくるように販売実績が積み上がっていったのです。

こうなると、「絶対にやらない」と豪語していた強硬な抵抗勢力も、「あれ？」という表情を見せるようになり、社内には「売らないと恥ずかしい」「なにがなんでも売ってみせる」という雰囲気が醸成されていきました。

そして1カ月後――。なんと180台を売り切っていました。

「沖縄でたいへんなことが起きている！」

電機メーカー本社でも噂になり、社内報の「号外」を発行するほどでした。また、取締役が本社から駆けつけ、私たちを称賛してくれました。

◆なぜ、素直さが大切なのか？

私はこの一件で、「やればできる、やらねばならぬ、何事も」というプロ戦陣訓の真髄に触れることができたと思っています。

また、素直であることの大切さを痛感しました。

素直さとは、人が言うことを受け入れる姿勢です。同時に、自分の可能性を信じることでもあります。だからこそ、素直な人が自分の殻を破って、脱皮（自己変革）できるのです。

一方、素直でない人は、困難に遭遇すると「できない理由」を探そうとします。そのとき、口にするのは「でも……」という言葉です。

いくら頭脳明晰《めいせき》であっても、素直さに欠けると、いつまで経っても脱皮できません。いつのまにか仲間から取り残され、結局、ドロップアウトすることになるのではないでしょうか？

7 ネガティブな自分から抜け出せば、「異次元の世界」が見えてくる

なぜ、「やればできる！」が正しいのか？

◆コツは「学ぶ」ものではない

「絶対、月間70台なんて無理！」

前項で述べたとおり、ほとんどの社員が実現不可能だと思っていたノルマは、軽々とクリアされました。

しかし、ここで多少の違和感を覚える人がいるかもしれません。

その典型が「精神論というか、根性論にもとづく販売手法ではないか？」という疑念です。そこで、もう少しわかりやすく説明しておきましょう。

まず、はじめに断っておきたいのは、「ノウハウ」と「コツ」を混同しないでほしいということです。どちらも「技術」や「スキル」といった言葉でくくられることが多いのですが、厳密にいえば大きな違いがあります。

ここでいうノウハウとは、実務的な専門技能や業務知識——たとえば、語学やパソコン操作など――を指します。

一方、コツとはもっと感覚的なものです。たとえば、相手を不快にしない心遣いとか、トラブルが起きたときにも臨機応変に対応できる能力、あるいは「ここぞ」というときに踏ん張れる気持ちのもち方といったことです。

仕事をするうえでは、この両方が必要ですが、ノウハウが主に座学で習得するものであるのに対して、コツはさまざまな体験学習によって身につくことが多いものです。先に述べたキャンペーンでの経験は、まさに販売のコツを引き出すための場だったのです。

少々乱暴な言い方をすれば、コツは誰かから手取り足取り教えてもらって身につくものではなく、自分のなかにあるエネルギーを取り出すことなのです。

さらに付け加えるなら、ノウハウを完璧に習得しようとするなら、コツを知っておく必要があります。そうでなければ、せっかく学んだノウハウも、上滑りな代物になってしまいかねません。

◆コツを知っていればノウハウは必ず身につく

コツとノウハウの関係を、私の実体験から説明しましょう。

私が34歳のとき、人生の師と仰ぐK氏から、こんなアドバイスをもらいました。

「財産をつくりたいなら、金融か不動産の専門知識を身につけておくといい。森山に金融は似合わないから、宅建主任（現・宅地建物取引士）の資格を取得してはどうか?」

私は家族を守るため、将来のことを考えて宅建の試験を受けることにしました。

しかし、不動産に関する知識は皆無。受験勉強を始めたものの、悪戦苦闘の連続でした。テキストを読んでも、専門用語が出てくるとお手上げ。問題集を開いても、そもそもなにを問われているのか、設問の意味がわかりません。

しばらくして模擬試験を受けてみると、50点満点で37点が合格ライン（当時）でしたが、私は6~7点しか取れませんでした。

仕事を終えて、夜10時頃まで勉強をしていると「もう今日は無理だ」と諦めかけている自分と、「いやもう少し。あと15分頑張ろう」と踏ん張る自分がいました。怠けようとする「自我」と戦っていたのです。

ところが気がつけば、いつのまにか空が白んでいました。

そのときの様子を言葉であらわすのは難しいのですが、自我から解き放たれ、脳と肉体が一体化して、情報がスーッと頭の中に入ってくるような気分です。あたかも、「異次元の世界」に入ったような感覚なのです。

こうした日々を繰り返していると、どんどん力がついてきました。試験勉強も苦痛ではなく、面白くさえなってきました。

その結果、難関といわれる宅建の試験に一発で合格することができました。

私たちは日頃、「自分には難しい」「時間がないから」などと理由をつけて、安易な方向に進みがちですが、そうした邪念を払ってネガティブな自分から抜け出すことができると、心のスイッチが入る瞬間がきます。異次元の世界への入り口です。

2章

はじめから万事うまくいくわけがない

8 32歳の私は「補聴器」の仕事が苦手だった

「オーディオ」から「補聴器」にフィールドを移す

◆「夢を売る」仕事には未練があった

私は、補聴器の販売という仕事に出会って、新たなキャリアを踏み出しました。
ここからは、その道程をたどりながら、私の仕事観や信条について述べましょう。

私が「補聴器」と関わりをもつようになったのは、32歳のときです。
勤務先は、大手電機メーカーの代理店から家電やオーディオ機器の販売会社に衣替えをするなかで、音響システムのアフターサービスやカセットテープ販売にも事業を広げていきましたが、さらに戦略的な事業領域として補聴器部門が候補に挙がっていました。私は、その担当を命じられたのです。

会社としては、すでに代理店という形で補聴器を取り扱っていましたが、思うように売上が伸びておらず、代理店契約の解消も取り沙汰されるという状況でした。

高齢化社会の到来を見据え、補聴器事業の将来性に期待していた会社は、販売体制を立て直したかったに違いありません。また、補聴器事業が「福祉」という社会貢献につながることに誇りをもっていたはずです。

一方、私としては、オーディオ機器やカセットテープの販売で独自のビジネスモデルを確立し、いっそうの飛躍を意気込んでいた矢先だったので、会社の指示にはショックを受けました。

お客様に「夢」を与える音響製品とは異なり、補聴器には切迫感がつきまとう。補聴器を購入するのは、高齢者や聴覚に障がいがあるお客様だからです。

「補聴器なんて暗いイメージの仕事はしたくない」というのが、正直な気持ちでした。

事実、障がい者福祉に対する理解や配慮があまりなかった当時、社内でも補聴器部門は敬遠されていました。

◆補聴器部門の担当を快諾する

「カセットテープの販売で成功したように、補聴器でも森山のビジネスモデルをつくってくれ！」

社長はこう言って、私を奮い立たせようとしました。「森山のビジネスモデル」という言葉には、自尊心がくすぐられましたが、まだ本気モードにはなれません。

私の気持ちが動いたのは、取引先である補聴器メーカー・R社と面談したときです。

その日、私は会社の指示に従って、東京に本社を置くR社を訪ねました。

この会社は、補聴器をはじめとして、大学・総合病院の耳鼻咽喉科やクリニック、聾《ろう》学校などで使われる医用検査機器を扱う、国内補聴器業界のトップメーカーです。

会議室では、幹部や役員から懇切丁寧な説明を受けたものの、その時点で補聴器販売への意欲が掻き立てられたわけではなく、断りの返事をするつもりでした。

ところが、そのあとの心遣いに感激しました。

商談を終えると、「せっかく東京までお越しいただいたので、ぜひ夕食をご一緒に」と誘われ、新宿のレストランや酒場などで夜明け近くまでもてなしを受けました。

また、宿泊先として豪華なシティホテルが手配してありました。チェックイン後、エレベーターのドアが閉まるまで、幹部社員が深々と頭を下げての見送り。若輩の私に対しても、こうした態度で接していただいたことに人間味と仕事への熱意を感じたのです。私は沖縄に戻ると、自ら手を挙げて補聴器部門を引き受けました。

◆補聴器の認知度アップを図る

こうして、補聴器販売に本格的に取り組むことになりました。

しかし、単に「補聴器を売り歩く」という従来どおりの営業では、メーカーが提示する販売目標を達成できません。

そこで思いついたのが、「無料相談会」。補聴器を買ってもらうには、まず補聴器の認知度を上げなければならないと考えたのです。

役場や老人ホームを巡回したり、公民館で会場を借りたりして、相談会を開きました。当初は反応もいまひとつでしたが、しばらくすると相談会を開催するたびに来場者が増え、月額の売上も倍増しました。

補聴器部門が軌道に乗り始めると、補聴器を専門に扱う「補聴器センター」を設立する計画がもち上がり、私にも5名の部下がつくことになりました。

しかし、「仏つくって、魂入れず」の諺《ことわざ》どおり、組織をつくってもメンバーの気持ちがひとつにならなければ成果は上がりません。実際、補聴器センターを訪れる人は、ほとんどいませんでした。

この難局を乗り切ることができたのは、前章で述べた「研修」と「キャンペーン」での経験があったからです。

30代半ばの私は、カセットテープやオーディオ、家電製品の販売で実績を積み上げながら、補聴器部門を率いていました。そして、補聴器の売上も順調に伸ばしました。

その頃も、私はこの会社に骨を埋める覚悟でした。一所懸命に働いたのは、「成功した姿を家族に見せたい、ほめてもらいたい」という思いが根底にありましたが、社長の恩に報いたいという気持ちも強かったのです。

ところが、ある出来事を契機に、事態は急変します。

9 「自分たちで会社をつくろう」出勤前の早朝会議が始まりだった

琉球補聴器はこうして誕生した

◆非公式の「公園会議」で決まったこと

私が40歳のとき、代表取締役社長が急逝されました。高校を卒業後、22年間にわたりお世話になった社長が亡くなったことは、私にとって大きな悲しみであり、ショックで目の前は真っ暗でした。

思い起こせば、昭和45年、大阪万博が開催されたときには、旅費を用立てていただいたうえに、スーツを新調してくださった。はじめての背広姿を鏡に映しながら、「頑張ろう」と心に誓ったことを、いまでも覚えています。

突然の訃報によって、会社の経営も大きく揺らぎました。リーダーを失った経営陣の足並みは乱れ、社員は「この先、我々はどうなるのだろう」と不安を募らせる。

私は転職を考え迷いました。幸いに35歳で宅建の資格を取得していたこともあって、その業界への転身を考えました。補聴器部門の社員の行く末も危ぶまれるなか、彼らにも転職を勧めた。ところが、部下である若手社員たちは、納得できないようでした。「せっかく、ここまで一緒にやってきたのに別れるのはつらい」

社員一人ひとりに、仲間意識が芽生えていたのだと思います。仕事を通じて築いた「絆」を断ち切ってしまうのは惜しい、という気持ちも強かったに違いありません。

そこで毎朝、出勤前に「公園会議」が開かれることになりました。勤務時間中に話し合えることではないため、会社近くの小さな公園に10人程度のメンバーが集まって、それぞれの思いを語り合ったのです。

そして、この非公式の早朝会議で出た結論は、「自分たちで補聴器の会社をつくろう」というものでした。

当時、私は部下を引き連れて、会社を設立しようなどとは思ってもみませんでした。40歳の私以外は、10代後半や20代前半の若い社員ばかり。最年長でも23歳。潤沢な資金があるわけでもない。期待より不安が先行していたのは事実です。

しかし、補聴器メーカーや耳鼻咽喉科の医師、学校関係者など、多くの方々からの励ましもいただき、独立開業に踏み切りました。

◆若手社員とともに会社を設立

私は、10名のメンバーとともに会社設立の準備を始めました。

まずは、資金集め。私をはじめとして、メンバー全員で資金を出し合いました。金額の多寡《たか》は問わず、数万円から百万円単位までさまざまでしたが、「自分たちの会社」という思いが強く、1600万円の資本金をつくることができました。そのうちの1000万円は使わず、600万円を開業資金に充てることにしました。

場所はすぐに決まりました。機転の利く社員が、知り合いを通して那覇市の中心街――崇元寺《そうげんじ》通り――に物件を見つけてきたのです。

開業準備は、急ピッチで進められました。資金が乏しいだけに、事務所の内装工事は自分たちの手で行い、ときには明け方まで作業をしていました。会社登記や許認可の手続きでは、役所の杓子定規《しやくしじようぎ》の対応に悩まされましたが、直談判で乗り切りました。

そして昭和62年11月12日――。「琉球補聴器」が設立されました。

10

「なんとか1年乗り切った」除夜の鐘を聞きながら、感涙が止まらなかった

補聴器専門店として独り立ちした

◆険しくも楽しい「船出」だった

補聴器店は、まさにゼロからのスタートでした。「ヒト、モノ、カネ」はいうに及ばず、お客様や知名度、信用もありません。

まず、限られた資金のなかで、やりくりしなければなりませんでした。

たとえば、営業車両の予算は20万円と決め、マニュアル車の中古を3台購入。ところが、どれも廃車寸前の車だったので、頻繁にエンストを起こします。

そこで知恵を絞りました。駐車するときは、坂道に停めるようにしたのです。そうすれば、下り坂を利用した「押しがけ」で、エンジンをかけることができるからです。

それでもエンジンがかからない場合に備えて、いつでも牽引できるようにロープをトランクに積んでおきました。

名刺も、社内の中古コピー機で印刷したものを利用し、お客様へのダイレクトメールは手書きしました。こうした作業が深夜まで続くことは当然。しかし、苦労というより新たな船出をしたことの喜びのほうが大きかった。

また、設立したばかりの会社なので、世間にはほとんど知られていません。

そこで、1人でも多くのお客様に知ってもらうため、昼間は全社員が商品カタログやチラシを片手に、挨拶回りを繰り返しました。

閉店後は、カタログに社判を押したり、チラシの折りたたみなどをしました。

カタログに「崇元寺向かい」と朱色で印鑑を押したり、商品のセールスポイントを赤ペンで囲んだりして、オリジナル感を出す工夫もしていました。

カタログは、インクを乾かすため、開いたままにして帰るのですが、翌朝、出勤すると「カタログのお花畑」が広がっているようでした。その光景は、創業期の思い出として、脳裏に焼き付いています。

思い起こせば、経理や受付、メンテナンスといった担当は置いていませんでした。全員が営業マンなのです。忙しいときは、誰でもお客様に対応できる。こうした取り組み方は、現在も引き継がれ、琉球補聴器の社風になっています。

◇店舗を手づくりして一致団結

当時、私は朝6~7時に出社して夜10~11時まで、ときには日をまたいで、年中無休で働いていました。

また、閉店後も照明を煌々《こうこう》とつけ、窓ガラスは開け放し。表通りを明るく照らしておけば、車や通行人にアピールできるのではないかと考えていたのです。

日曜日の早朝、社員総出で捨て看板の取り付けに奔走することもしばしばでした。

ちなみに経費削減のため、専門業者には頼まず自前で行ったのですが、後年、そのノウハウが思わぬ形で活かされました。聴力検査機器などの取引がある病院の医師が独立開院する際、開院告知の捨て看板についてアイデアを提供できたのです。

遮音性能が極めて高い「聴力検査室」の組立作業も、社員が数名のチームを編成して行いました。1枚100キロほどもある遮音材を運び、数百におよぶパーツを組み立てていくのです。本土メーカーの専門業者に依頼すれば、高額の工賃や交通費、宿泊費がかかるので、経費削減に大きく寄与することは間違いありません。

ただ、こうした共同作業を通じてチームワークが醸成されることこそ、最大のメリットであり、琉球補聴器の強みになっていると思います。

◇「気持ちのいい涙」を流した

琉球補聴器は、若い社員の情熱を原動力に船出しましたが、そのまま順風満帆に針路を進んだわけではありません。

琉球補聴器は、その名のとおり補聴器専門店としてスタートしましたが、当初は補聴器のみを求めるお客様が少なく、炊飯器やテープレコーダー、テレビ、小間物家電なども併せて販売していました。

それが3〜4カ月たつと、徐々にお客様も増えてきて補聴器専門店らしくなってきました。最初に補聴器が1台、電池が1パック売れたときは、まるで100万円、200万円の売上があったように、皆で手を取り合って喜んだものです。

それでもまだ、琉球補聴器の認知度は低く、周囲からはいつ潰れてもおかしくないと見られていたかもしれません。

会社の将来に不安を覚える社員もいました。設立後1年間で、番頭役の社員を含めて4人が辞めてしまったことには私もがっかりした。大切にしていた資本金もしだいに枯渇し、日増しに毎日が不安定になっていきました。私自身、暗闇のなかを手探りで進むような不安を抱えながら、一歩一歩、足を踏み出していたのです。

創業翌年の大晦日のことは、いまでも忘れません。

深夜、私は会社にひとり残り、除夜の鐘を聞きながら「なんとか1年乗り切った」と思うと、感極まって涙があふれてきたのです。

社員には不安な顔を見せたり、愚痴をこぼしたりはできない。誰にも言えない、経営者としての苦しみを味わった1年だったのです。

「1年、よく頑張った」と自分をほめ、人知れず気持ちのいい涙を流し、朝方までいい時間を過ごしました。

11 新入社員は「宝」。入社3年たったら、「ムチ」を打つ

入社3年で仕事に誇りがもてる

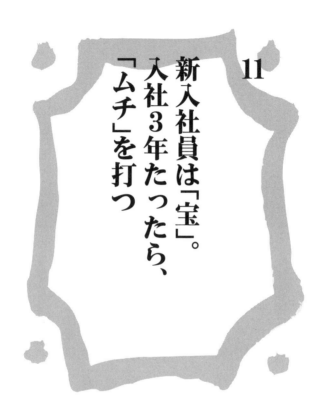

◆社員宅へ新年の挨拶に回る

感涙にむせんだ翌日の元旦、私はビールケースを担いで社員一人ひとりの自宅を訪ねました。感謝の気持ちを込めて、挨拶回りをしたのです。

ただ、社員にこの思いを伝えたかっただけではありません。社員を支えてくれている家族の皆さんにも、経営者としての私の覚悟を知ってもらいたかったのです。

琉球補聴器は、無名の小さな会社であり、先行きも不透明。そんな会社で夫や妻、あるいは子どもが働いているのは、家族としても心配なはずです。

また、琉球補聴器の社員は、若さゆえにときとして自分を見失うことがあります。たとえば、給料日のあとに欠勤が多かったり、早朝にかかってくる電話は、たいてい休みの届け出だったりします。私が外回りの営業に出ると、気が緩んで怠ける社員もいたようです。40歳を超えた経営者と、10代、20代の社員とでは、会社へのロイヤリティに差があることは否めません。

しかし、そうだからといって、頭ごなしに叱責すれば、すぐに社員は会社を辞めてしまう。「社長に相談があります」とあらたまって言われるときは、退職希望であることがほとんどでした。これでは、会社が立ち行かない。

そこで私は一計を案じました。家族の協力を得ることができれば、社員の「わがま」や「暴走」を抑えることができるのではないかと考えたのです。

実際、「正月早々、社長がわざわざ挨拶に来てくれる。こんな会社は滅多にないぞ。しっかり働きなさい」と言って、息子を諭してくれる父親もいました。

社員宅への新年の挨拶は、以来二十数年間、欠かすことなく続けられました。

◆「ムチ」を打たれてもへこたれない社員たち

若い社員を教育するには、コツがあると思います。私は、入社して1〜2年の社員にはやさしく接するようにしていますが、3年目に入ったら厳しく指導してもいいと考えています。これは、創業時からの経験則にもとづく持論です。

職場に慣れないうちは、覚えることも多く、上司や同僚からの指示やアドバイスを聞くので精一杯でしょう。また、そのあいだに社風に馴染み、朝礼などを通して自己成長することも大いに期待できます。

しかし、3年目ぐらいになったら、あらためて「商売とはなにか?」「お客様にはどう対応すべきか?」「売上数字をつくるには、どうすべきか?」などを学ぶ必要があると思います。たとえば、前章で紹介した「研修」のようなトレーニングも有効かもしれません。

私も、歯に衣着せぬ厳しい口調で指導することがありました。社員が自分の仕事に誇りをもち、会社を支えるメンバーのひとりだという自覚が各人に生まれているので、私が「ムチ」を打っても、それに耐えられるだけの「基礎体力」ができているのです。

この頃になると、仮に「もう、会社に来るな!」と私が叱ったとしても、翌日には始業前に出社するようになっています。

琉球補聴器では、こうしたサイクルで新人から中堅、そして幹部へと人材が育っているように思います。

12

「すぐやる！」「必ずやる！」「できるまでやる！」「楽しくなるまでやる！」

琉球補聴器の·「人づくり」の基本

◇ゴールを決めて前倒しで仕事をする

ここで、琉球補聴器の社員教育に触れておきましょう。日常業務を通じて、どのように人材を育てるのか、そのポイントを述べたいと思います。

まず、仕事は前倒しで行うように指導しています。

なかなか実績を出せないで苦しんでいる人の多くは、仕事を先延ばしにする傾向があります。いつのまにか、仕事は山積み。そして、「まだ、こんなに仕事が残っている」と思ってイヤになり、「明日、やればいいや」となる。この悪循環です。

反対に、明日やればいいことを、少しでも今日中に片づけておこうと考える人は、仕事がはかどり、スキルもどんどん磨かれていきます。

ここで重要になるのが、スケジュール管理です。スケジュールを立てるときは、先にゴールを決めて、そこから逆算するようにします。それができれば、仕事は9割終わったようなものです。

そして、スケジュールが決まったら、すぐに着手する。ともすると、苦手なことや難しい案件を後回しにしがちですが、気をつけたいものです。

また、仕事の基本といわれる「5S（整理・整頓・清掃・清潔・しつけ）」も、段取りをつけるために必要でしょう。

5Sというと、社内の美化活動を連想するかもしれませんが、「やるべきこと」を把握し、それを達成するための「ロードマップ」を描くのに有効なのです。

私は「先んずれば、人を制す」をモットーにしていました。明日やることは今日、来週やることは今週と、先手必勝の構えです。

その際、「虫の目」「鳥の目」「魚の目」で物事を見るように心がけていました。虫の目とは、地面をはうようにして「現場」を凝視すること。鳥の目は、高いところから「全体像」を俯瞰《ふかん》すること。そして魚の目は、魚が潮の流れに敏感であるように、時代の「潮流」を読み取ることです。

こうした3つの視点から得た情報をもとに、スケジュールを立てて実行に移せば、大きな成果を継続的に収めることができるのではないかと思います。

◆「気」を込めて決意を固める

「やると決めたら、やる！」という気概も大切です。

目標を立てたら、それを達成するのは当たり前。この感覚で仕事に取り組めば、実際に目標を達成する確率はグンと上がります。

「もうだめだ」と弱気になったときも、「伸《の》るか反《そ》るか、○か×か。中間はなし」の覚悟があれば、目標を達成するための知恵がわいてくるものです。

窮地に追い込まれ、絶体絶命のピンチを迎えたときも、「よーし！」という言葉を心のなかで繰り返し、「諦めないバネ」を巻いていました。

このバネを巻けば巻くほど、跳ね返る反動は強くなり、「ここぞ」というときに力を発揮してくれます。

また、「よし！　やるぞ」と心に決めて、お客様に会いにいくと、不思議と商談がまとまりやすいものです。

自己暗示は、たしかに有効です。スポーツ選手の「ルーティン」は、その最たるものでしょう。人間は本来、弱い生き物。ジンクスを信じたり、縁起を担いだりするのも、ひとつの方法です。

私の場合、大事な商談がある日には「早く起きて靴を磨く」といったルーティンがありました。「朝、男の人に出会うと勝負事に勝つ」と、母が話していたことを思い出し、男性が通りかかるのを待っていたこともあります。

一見、他愛のないことですが、「気」を込めて「大丈夫だ！」と、いつも自分に言い聞かせていたのです。

◆やればやるほど楽しくなる

どんな仕事でも、楽しいと感じるまでやり続ける。これも、自分磨きのコツだと思います。やりたくない仕事ほど、徹底的にやり続けることで、最後に味わう楽しさは大きくなるのです。私が宅建の受験勉強で悪戦苦闘しながらも、最終的に勉強するのが楽しくなったことはすでに述べましたが、仕事でも同じです。

また、楽しいと感じるまでやり続ければ、たいてい結果がついてきます。そこには、大きな達成感があり、経済的な報酬以上の喜びが得られるでしょう。

仕事も、人生におけるひとつの「出会い」です。せっかく出会った仕事ですから、自分を磨くためにやり続ける。それが、自己成長を促し、成功につながると思います。

反対に、上辺《うわべ》の体裁を整えるだけの中途半端な仕事をしていては、すぐにメッキがはがれるだけでなく、自分自身も飽きてしまいます。

また、「いい出会い」をするには、「大きな夢」「高い志」をもち、つねに「上」を見て、自分の器を広げることも必要です。

はじめは、できそうにない夢物語でもいい。その実現には「なにが必要なのか？」をいつも意識することが大切です。その思いが夢を引き寄せるのです。

13

効率を求める「しつこさ」と手間を惜しまない「熱心さ」は紙一重

相手の心を動かす「熱心さ」とは？

◇お客様の心模様に耳を傾ける

前項で述べたように、お客様に断られたからといって簡単に諦めないことが大切です。しかし、お客様に「しつこい」と思われては逆効果。

断っても断っても、頻繁にかかってくるセールス電話にうんざりした経験はないでしょうか？　このとき、営業担当者は一所懸命にセールスしているつもりかもしれませんが、「しつこさ」と「熱心さ」を混同していることが多いものです。

しつこさを感じさせるのは、効率よく商談をまとめようとするからです。そこには、「売るためには、どんなことでもする」という品のなさが透けて見えます。

一方、熱心さには「手間を惜しまない」という誠実な姿勢があります。

琉球補聴器を訪れるお客様のなかには、「補聴器はほしいけれど、購入資金の都合がつかない」と悩んでいる方が少なくありません。その場合も、私たちはじっくりお話を聞いて、一人ひとりの事情に合わせた提案をしています。

たとえば、聴覚障がい者は、法律によって補聴器の購入費用（一部または全部）が支給されますが、その申請をためらう方もいます。

社会からの援助を潔《いさぎよ》しとしなかったり、公的給付について十分理解していなかったりするからです。

このような場合、私たちは時間をかけてお客様の心模様に耳を傾けます。

「これまでの人生、ずいぶんご苦労されたのですね。尊敬いたします。でも、公的給付を受けるのは、決して恥ずかしいことではありません。国民の権利として、胸を張って申請してください」

こう説明したうえで、身体障害者手帳の取得から補聴器の購入費用給付申請まで一連の手続きをサポートします。

たとえば、病院で診断書を受け取る際、自家用車をもっていない人を送り迎えしたり、申請のための予備検査をしたりすることもあります。

◆お客様に代わって思いを伝える

補聴器の購入資金をめぐって、なかなか家族の同意を得られないケースも珍しくありません。たとえば､年金で生計を立てている高齢者が､補聴器を買い替えたいと思っている。ところが、息子に遠慮して言い出せない――。

このような場合は、私たちが本人に代わって、息子さんと話し合いの場を設けることがあります。

「たしかに安い買い物ではありませんが、お父様にとって補聴器は必要なものです。お父様の手元に現金はありませんが、家と土地をおもちです。不動産を担保にするなどして、購入資金を調達するのも、ひとつの方法ではないでしょうか？」

こんなふうに資金繰りの提案をしたり、さらに突っ込んだ話をすることもあります。

「お父様の財産は、お父様が元気なうちに使う。それが親孝行ではないでしょうか？やはり、親は大事ですよ。苦労して、自分たちをここまで育ててくれたことを思えば、ソロバン勘定だけでは決められないでしょう」

「私も思慮が足りませんでした。大切なことに気づかせてもらって、ありがとう」

こう言って、補聴器の購入を快諾していただけることもしばしばです。

もし、私が「あなた（親）の財産なんだから、それをどう使おうがあなた（親）の自由でしょう」などと言い放っていたら、家族から反感を買うばかりか、本人もいたたまれなくなったでしょう。一見、遠回りをするようでも、丁寧に話してお客様に納得していただくことが必要なのです。

◆損得抜きでお客様に寄り添う

過去には、こんなケースもありました。

多額の財産をもっているお客様でしたが、安価な補聴器を使い、電池を1つずつ買いに来られました。

資産家には似つかわしくない行動パターンですが、どうやら障がいをもつご子息の将来が心配で出費を控えていたようです。

事情を知った私は、後見人制度の活用を勧め、弁護士も紹介しました。

「親戚でも、ここまではしてくれない」

このお客様は、こう言って感謝してくださいました。


私は、補聴器を売りたいがために、こうしたアドバイスをしたわけではありません。

そもそも、補聴器の販売は手間暇をかけ、「聴こえ」で悩んでいる人をサポートする仕事。いわば世の中をよくするのが、私たちの使命です。したがって、面倒なことであっても、相手に寄り添って、相手のリズムで話を進めていくのは当然です。

無農薬野菜の栽培をイメージすると、わかりやすいかもしれません。

キャベツ畑の青虫を駆除するには、殺虫剤をまけば一網打尽にできる。しかし、それでは安全でおいしい野菜を育てることはできません。朝夕、畑に出かけて青虫を手で取り除くという手間をかけなくてはならないのです。効率は悪いけれど、それを難儀だと思わずにコツコツと続けること、それが「熱心さ」の本質だと思います。

14

小さなことを積み上げて「そこまでやらなくても」と言われるまでやり続ける

「徳を積む」ことでチャンスが広がる

◆企業の「文化」として根づけば本物!

創業から3年がたった頃、琉球補聴器は会社らしくなったと実感しました。そして5年目になると、ようやく将来への不安が薄らいできました。

そして平成9年、創立10周年を迎えると、お客様や取引先も定着し、関連業者や社員の家族からも信頼していただけるようになったと思います。

ここまでの10年間が、私にとっては長い道程でした。

創業時から利益を出し、無借金経営を続けてきましたが、それを実現できたのは、一言でいえば、社員教育に力を入れ、人材を人財に育て上げてきたからだと思います。

琉球補聴器の人材育成の基本は、90ページに述べたとおりですが、ここでもうひとつ付け加えておきたいことがあります。

それは、小さなことを積み上げていくことの大切さです。

たとえば、琉球補聴器では、取引のある病院の開院記念日に毎年、ケーキ店に特注したアニバーサリーケーキをお祝いとして持参するのが慣例になっています。

1年目は、私たちの突然の訪問に驚きながらも、開院記念日の儀礼とみなして、受け取ってもらえます。2年目も「え！　今年も？」と恐縮しながら、受け取ってもらえるでしょう。

それが3年目、4年目となるにつれ、恒例行事のようになり、5年目ぐらいになると、病院側もケーキを持参する社員を当然のように迎え入れます。なかには、このアニバーサリーケーキで、開院記念日を思い出す医師や看護師、職員もいるほどです。こうした目先の損得にとらわれない小さなサプライズで、相手を喜ばすことができれば、信頼関係も深まるはずです。

ここで忘れてならないのが、「そこまでやらなくても」と思われるまで、コツコツと続けること。企業の「文化」として根づかせることができれば、申し分ありません。

◇思いがけないサポートが得られる

こうした心遣いは、計算ずくであってはならないでしょう。浅薄な動機は、相手からすぐに見抜かれてしまいます。

私は、日頃から駐車場の警備員やビルの清掃員など、直接的には仕事と関係のない人々にも挨拶と気配りを欠かさないように心がけています。

たとえば、口をつけていない缶コーヒーやミネラルウォーターが手元にあったら、彼らに差し上げる。あるいは、暑い日には会社のネームが入ったタオルを進呈することもある。もちろん、見返りを期待しているわけではありません。

人間的な交流が深まることで、思いがけないサポートを得ることがあります。

過去には、こんなことがありました。

医用検査機器の営業で、大学病院を訪問したときのことです。総務部に行こうと急いでいたとき、清掃担当のおばさんから呼び止められました。

「森山さん、今日は訪問を控えたほうがいいよ。いま、大きな手術を終えて、先生や看護師さん、職員の皆さんもピリピリしているから」

もし、こんなときにセールスをしたら、顰蹙《ひんしゅく》を買うことは間違いありません。おばさんからの助言は、営業マンにとって貴重な情報でした。

また、総合病院の駐車場で車庫入れに手間取っていると、警備のおじさんが助け舟を出してくれることもあります。

「森山さん、僕がやっておくからいいよ。急いでいるんでしょ」

私は車のキーを渡して、約束の場所に駆けて行きました。


なんでもない、小さなことをやり続け、相手を喜ばせるのが「徳を積む」ことにつながるのではないでしょうか？　言い換えれば、「奉仕」の精神です。

琉球補聴器では、こうしたエピソードもことあるごとに紹介し、社員教育に活かしています。

3章

社員の「仕事力」を高めるツボとコツ

15 とことん、お客様に尽くす。はじめから「ノー」とは決して言わない

損得抜きでお客様に寄り添う

◆10周年を機に経営理念を策定

琉球補聴器は、創立10周年を節目に全社員で経営理念を策定し、来るべき20周年に向けて邁進することを決意しました。

経営理念は、「会社は公器」を念頭に、3つの柱から成り立っています。

① 深い人間性……永遠の発展を目指し、親切丁寧をモットーにお客様に最善を尽くす
② 広い社会性……聴こえる喜びを提供し、信頼される企業を目指す
③ 高い生産性……専門家集団により、顧客満足を高め、相互の豊かさを追求する

創業時の思いや会社のビジョンが経営理念として明文化されたことで、私はいっそう社員教育に力を注ぎました。

幸いにも、補聴器業界はデジタル技術革新の波に乗り、補聴器の普及率も上昇。琉球補聴器は「成長期」を迎えていました。

本章では、会社の発展を支えた社員の日常を紹介しながら、人材育成や社員教育について述べます。

◆電池1つでもお客様に届ける

「電池が切れた！」

補聴器を購入したお客様から突然、こんな電話をいただくことがあります。電池が切れて、補聴器が使えないので配達してほしいという依頼です。

私たちは、受話器を置くと、すぐに営業車を走らせます。

まだ支店が少なかった頃、那覇市の本店から沖縄本島北部まで1500円の電池を届けることも日常茶飯事。ガソリン代や高速料金などの経費が、商品代金を上回ることも珍しくありませんでした。

「聴こえがよくない」と、補聴器の調整を依頼されたときも、社員が駆けつけます。

沖縄は台風に見舞われることが多いのですが、「こんな荒天だから、まさか来てくれないだろうな」とお客様が思っているとき、スタッフが玄関口にあらわれて驚かれることもあります。

「このために、わざわざ来てくれたの⁉」

また、こんなケースもあります。

片道1時間以上かかる場所に出向き、補聴器の調整を終えて帰社。ところが、しばらくすると「まだ、おばあちゃんの補聴器、よく聞こえていないみたい。明日、また来てもらえない？」と、装用者の家族からお願いされる――。

ここで、「割に合わないなぁ」と思ってしかめっ面をするのではなく、「わかりました！　では明日といわず、今日の夜9時頃でもよろしければ、うかがいます」と申し出ます。琉球補聴器では、これが当たり前なのです。

こうしたサポートを一度ならず何度も繰り返せば、お客様とのご縁は一生続くでしょう。小さな感動は、やがて「物語」となって、お客様の心に焼き付くのです。

人は、なんらかの行動を起こそうとするとき、とかく損得を考えがちです。しかし、相手に見返りを求めず、やり続けることに大きな価値があります。「誰かに見られているわけではない、期待されているわけでもない。でも、神様は見てくれている」と思ってやり続けることで、自分にも「誇り」が生まれるからです。そうすると、自ずと話し方や表情、そして歩き方までが変わってきます。立ち居振る舞いが凛《りん》とし、信頼感が醸し出されてくるのです。

◆お客様を遠ざけてしまう一言

お客様にリクエストされた内容が、非常に難しい場合でも、はじめから「できません」「無理です」などと、「ノー」の意思表示をしては、お客様を遠ざけてしまいます。琉球補聴器では、こうした接客はしません。

たとえば、極めて重度の難聴のお客様が相談にいらっしゃったとき、「補聴器を装用するだけで、日常生活を支障なく送ることは困難です」と突き放すのではなく、まずは話をよく聞いて、一緒に対策を考えるのです。

ひと口に聴覚障害といっても、聴力レベルによって、完全に聴力を失っている全聾《ぜんろう》から、重度の難聴、中程度の難聴、軽度の難聴までさまざまです。

また、先天性の難聴だけでなく、後天的に聴力を失った中途失聴者や、加齢により聴力が衰える老人性難聴者もいます。それぞれ日常生活における不便さは異なりますが、健常者には理解できない不安や不自由、理不尽を味わっているのです。

これまで、さまざまな聴覚障がい者の方々と接してきたなかで、お客様の声（心模様）にしっかり耳を傾けることの大切さを痛感しました。


困っている人からものを頼まれたら、イヤとは言わない――。私は10代、20代の頃から、この習慣が身についていますが、補聴器の販売でも大事にしていたことです。

顧客満足度がトップクラスのザ・リッツ・カールトン ホテルでは、部屋が満室であっても断らず、近隣のホテルを探して代替案として申し出るといわれています。

琉球補聴器にも、同様の企業風土が根づいていきました。

16 お客様に真摯な態度で接していなければ、「ノー」とは言えない

クレーム対応での心構え

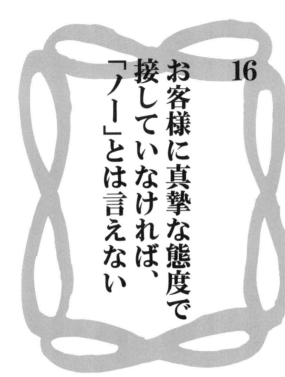

◇もし、無理難題を押しつけられたら？

私は、「とことん、お客様に尽くす」ことが、営業や接客の基本であると確信しています。

しかし、お客様のなかには、無理難題をおっしゃる方がいるのも事実です。

たとえば、オーダーメイドの補聴器を購入したお客様が、あとになって「気に入らない」と言って返品を要求されるケース。

この場合、初期不良でなければ、返品に応じることは難しい。お客様一人ひとりの状態に合わせて、機種の選定から調整まで行っているので、その補聴器を引き取ることもできません。

そこで、補聴器の使い方が間違っていないかを確認しながら、丁寧に使用方法などを説明します。

「あ、そういうことだったのね。よく聴こえるようになったわ」

たいていは、こうして一件落着です。

ところが稀に、過剰な要求を繰り返すお客様もいます。

その場合は、社会常識に照らし合わせて、毅然とした態度で臨む必要があります。

ただし、いきなり反論せず、相手の言動を観察しながら、いかにすれば円満に解決できるかを考える必要があります。なだめたり、ときにはプレッシャーを与えたり、あるいは人としての道を説いたりすることもあります。

肝心なのは、相手が自らの過誤に気づくよう誘導することです。


たとえば、法律に詳しいお客様から「返品に応じなければ、補聴器は捨てる。代金を返さないのなら、詐欺で訴えるぞ」と迫られたことがあります。

そのセリフに、若い社員たちは真っ青。しかし、私たちに過失はありません。

そこで「お客様がそうお考えでしたら、私どもに止める権利はございません。どうぞ訴えてください」と、丁寧な口調で答えました。

すると、このお客様はそれまでの勢いも失せて、足早に退去されました。

◆「はい！」と「ノー」は表裏一体

このように、聴力障害という不安を抱えたお客様のなかには、その感情を暴発させる方もいらっしゃいます。補聴器販売という仕事には、クレームがつきものなのです。私たちは、クレームの本質を見極めて、「できること」と「できないこと」を線引きしなければなりません。そして、その線引きをするためには「判断基準」が必要。たとえば、社会規範から逸脱した不当要求や暴言などに対しては、毅然とした対応が求められるでしょう。

ただ、「できないことは、できない」ときっぱり伝えられるのは、日頃からお客様にとことん尽くしている――お客様に真摯な態度で接している――からです。仕事への取り組み方が中途半端であれば、毅然とした態度をとることはできないでしょう。言い換えれば、お客様のリクエストに「はい！」と躊躇なく応えられる人が、堂々と「ノー」を伝えることができるのです。

17 あえて「買ってください」は言わなくてもいい

お客様に納得してもらえる聞き方・話し方

◆大切な2つの「フィッティング」

補聴器販売というビジネスは、「売る」技術だけでは成り立ちません。

いくら豊富な専門知識を身につけ、スムーズに商品説明ができたとしても、お客様への対応力が高くなければ、難聴者の方々に満足していただくことはできないのです。

補聴器は、一人ひとりに合わせたフィッティング（調整）が重要です。装用者の「聴こえ」に合わせた調整をして、はじめて効果を発揮するものなのです。

ただし、琉球補聴器では、この「補聴器のフィッティング」に加えて、「お客様の心のフィッティング」も大切だと考えています。

仕事の50％は難聴と聴こえの相談、補聴器の説明と販売。50％は、お客様の声（心模様）に耳を傾けて十分理解し、お客様の気持ちを共有することで、心を元気にしていただく。この両輪がスムーズに回るよう、日頃から営業活動を行っているのです。

◆断られたときがスタート

営業が苦手だという人の多くは、「断られる」ことを過度に恐れています。

誰でも「お客様に断られるのではないか?」と想像すると、気後れします。私も例外ではありません。

しかし私は、「断られたからといって、命まで取られるわけじゃない」と開き直ることで、心のスイッチを切り替えます。

若い頃から、「断られる」ことには慣れているので、お客様から「いらない」と言われたからといって、落ち込んだり、諦めたりすることはありません。

頭のなかで「NG」を「OK」に瞬時に変換し、「断られたときが本当のスタート」「断られてからが本番」という意識で何事にも取り組んできたのです。

その経験が自信につながり、私にとって大きな財産になっています。

では、社会人経験が浅かったり、営業に不慣れだったりする人は、どうすればいいのか？

まず、ムズカシイお客様を相手にしたときこそ、自分が成長する絶好のチャンス。このことを肝に銘じておきます。

商談の前には「よし！」という言葉を注入して、気合いを入れる。同時に、「これから面白くなる」と、自分に言い聞かせます。

そして、お客様とのやりとりをイメージしながら対応し、「違うな」と感じたら軌道修正する。それを繰り返すうちに、自分なりのコツがつかめるようになります。

プロローグで紹介したように、琉球補聴器の「朝礼」では、こうしたイメージトレーニングも行っています。


実際、最初からトントン拍子で商談が進むケースは、ほとんどありません。

「結構です」「間に合っています」と、冷たくあしらわれることも多い。

しかしここで、尻込みしてしまっては、せっかくのチャンスを逃してしまいます。

一方、開口一番「いいね」とおっしゃるお客様には、要注意です。愛想のいい言葉には、社交辞令や建前が入り交じっていることも少なくないからです。ときには、スタッフと雑談すること自体が目的になっているケースもあります。

いずれにせよ、第一印象がいいからといって過大な期待をもつと、ガッカリすることがあります。むしろ、断られても、粘りに粘って目標をクリアしたときこそ、大きな達成感を味わうことができるでしょう。

◇プロとして専門的立場から提案する

粘り強く、お客様に働きかける――。これは、琉球補聴器の営業の特徴ですが、そうだからといって、「しつこいセールス」をするわけではありません。

前章でも述べたとおり、お客様に寄り添って、具体的な提案を重ねます。

意外に思われるかもしれませんが、琉球補聴器で「買ってください」というセールストークはほとんど聞かれません。

「今日は買わないで、一度試してみてはいかがですか？」などと、お客様の意思を確認しながら、補聴器の効用を説明します。

ただし、補聴器を必要としながらも、なかなか決断できないお客様に対しては、こんなふうに、やや断定的な話し方をすることがあります。

「最近、ひどく肩が凝りませんか？　補聴器を装用すると、肩こりが改善するだけでなく、表情も柔らかくなりますよ。ぜひ、ご購入をお勧めします」

いずれの場合も、つねにプロとして専門的立場で提案していることがポイントです。

もちろん、お客様に決断を促す以前に、「聴こえ」に対する悩みや不安、疑問などをうかがいます。その際、お客様には細やかな気配りが求められます。

たとえば、「目線」ひとつとっても、おろそかにはできません。

本題に入る前のアイスブレイクでは、緊張をほぐすために、お客様の喉元に視線を落とす。しかし、聴力測定のために検査室に入ったら、お客様と視線を合わせる。検査機器に目を向けていては、お客様に不快感を与えてしまいかねないからです。

こうした所作を身につけてこそ、本物の「プロ」といえるでしょう。

18

来店者数が生命線。なんでも引き受けて、「基地局」になった

お客様とより深い信頼関係を築く

◇アフターサービスを徹底する

補聴器の販売では、「来店者数が生命線」といっても過言ではありません。店舗が、最も重要な顧客接点であることは間違いない。

なぜなら、補聴器は、装用者一人ひとりに合わせたフィッティングが必要だからです。カタログ販売でも購入できる日用品とは、商品特性が大きく異なります。

そこで集客の前に、来店者を増やすことを考えました。認知度を高めるために、創業当時からチラシやパンフレットなどを配っていましたが、アフターサービスも徹底しています。これも、琉球補聴器の特徴です。

たとえば、電池の交換をお手伝いしたり、クリーニングをしたり、あるいは使い方を繰り返し説明したりしました。

はじめは週1回、慣れてきたら隔週、または月1回の来店をお待ちしました。これらのサービスは、すべて無料です。

そもそも、補聴器は「買って終わり」ではなく、定期的な微調整が必要です。

ところが、カタログ販売さながらに、売りっぱなしの同業者もいました。琉球補聴器では、ほかの会社で購入されたお客様のアフターケアも無料で行っていました。

ときには、こうしたお客様から苦情が寄せられることもあります。私たちは「こちらの説明不足でごめんなさいね」とお詫びすることになります。

しかし、そのことを契機に、お客様とのつながりができることもあります。

私たちは、お客様が必要とするサービスを「やるべきこと」として行ってきました。つまり、当たり前のことを当たり前にやっていただけなのです。

それが来店者の増加、ひいてはシェア拡大につながりました。

◆「補聴器は売りません」というキャッチフレーズ

来店者を増やすにあたっては、当初から「目抜き通り（崇元寺通り）で一番」を目指していました。銀行や郵便局よりも、多くの来店者がある店舗にしようと意気込んでいたのです。1日数十名から100名ほどになります。補聴器専門店では、あり得ない数だと思います。

しかし、それは実現しました。

「いつもお世話になっているから、友達を紹介してあげる」と言ってくださるお客様も少なくありません。口コミで、どんどん人が集まるようになったのです。

また、相談会を開いたり、チラシを配ったりしていたので、ふらっと立ち寄る一般客もいます。

そこで、来店者へのおもてなしとして、日本で一番おいしいお茶を出すようにしていました。静岡県産の茶葉を数十袋、定期的に購入して、淹《い》れたてのお茶をふるまったのです。なかには、このお茶を目当てに来店する方もいました。

お客様に「また来たい」と思っていただける環境をつくることが、「お客様を大事にする」第一歩なのかもしれません。

かつては、利益を追い求めるあまり、新規のお客様に補聴器を売り込もうとした時期もありました。当然のごとく、来店者は減り、売上も伸びませんでした。

しかし、いまではお客様のほうから「補聴器を買いたいんだけれど、私には売ってくれないの？」と催促される場面もあります。

じつは、「補聴器は売りません」をキャッチフレーズにしていたこともあります。お客様が「お願いだから、売ってほしい」と言うまで、とことん尽くす。これが琉球補聴器のモットーなのです。

◆悩みや相談を一手に引き受ける「基地局」

このように、お客様との交流を続けていくなかで、もっと積極的にお客様の役に立てる方法を思いつきました。

それは、私自身が「アンテナ」となって情報のネットワークをつくり、その情報をもとに手助けすることです。

長年、「ノー」と言わない姿勢を貫き、それを喜びとしていたので、さまざまな情報が入ってきます。周囲の人々からは、「困ったことがあれば、森山に相談すればいい」という声も聞かれるようになっていました。

そして、さまざまな情報が集まれば、お客様の「困った！」や「やってもらえないか？」の声にも応えることができるのではないか？　こう私は考えたのです。

たとえば、病院に勤めている耳鼻咽喉科のお医者さんが、クリニックを開院したいと思っている。ところが、適当な物件が見つからない。スタッフを採用したいが、どうすればいいのかわからない——。

こんなときは、不動産に詳しい友人を紹介したり、リクルート情報に精通している知り合いに引き合わせたりします。

こうしたマッチングは、ザ・リッツ・カールトンのフロントが行っているサービスに似ていますが、琉球補聴器は、私をアンテナにした「情報の基地局」となることで、より広い領域で、お客様の悩みを聞いたり、相談に乗ったりすることができるようになったのではないでしょうか？

19

「数字」をベースにして戦略や仕組みをつくる。取引先も社員もこれで納得！

相手に納得してもらう最強のツール

◆広告媒体の効果を検証する

「補聴器を買いたいけど、どこがいい？」

私はタクシーに乗るとき、いつも運転手さんにこう尋ねます。

すると、運転手さんは「それなら琉球補聴器だよ。あそこはいいよ。老舗で老人ホームにも卸しているみたいだよ」などと言ってくれます。

もちろん、私は身分を明かしていません。琉球補聴器の知名度を測るバロメーターにしているのです。

那覇市内のタクシー運転手さんは十中八九、琉球補聴器を高く評価してくれます。

そして、自分のことのように宣伝してくれる。しかも、思っていることを口にすることで、いっそう琉球補聴器との距離感が縮まります。

「もしかすると、ほかの乗客との会話でも、話の種にしてもらえるかもしれない」

こんなことを夢想していると、思わず笑みがこぼれます。

琉球補聴器は、創立10周年を迎えると、新聞広告やラジオなどのメディアを活用して、大々的に宣伝を繰り広げていました。来るべき超高齢化社会への布石です。

私は、その成果を肌で感じることができました。

しかし、やみくもに広告宣伝費を注ぎ込んだわけではありません。「数字」にもとづいて、戦略や仕組みを考えていたのです。

たとえば、『タウンページ』への広告掲載は、いっさい行いませんでした。琉球補聴器の名前は、新聞広告などで誰でも目にすることができるからです。

また、テレビコマーシャルやチラシの効果も検証しました。たとえば、チラシを何枚配布して、何名のお客様が来店したのか、効果測定をしたのです。

すると、1人のお客様を得るには、多額の費用がかかることがわかりました。

◆数字には相手を納得させる「根拠」がある

そこで、その費用を少しでも節約するにはどうすればいいのかと頭をひねりました。

同時に、1人のお客様に来店していただくことがいかに大変なことなのか、社員にもわかります。そうすると、新規のお客様を出迎える社員の姿勢にも、自ずと変化があらわれます。

私は、相手に納得してもらうには、数字をベースに説明することが必要だと考えています。数字に根拠があるからこそ、トークが心に響くのです。

私は、つねに頭のなかで「計算」をしています。そして、その計算は総じて間違ってはいなかったと思います。

たとえば、沖縄県内に病院が開業するとしましょう。私はなんとしても、この病院に医用検査機器を納入したい。そのことについて昼夜を問わず、考え続けます。すると、不思議なことに、おおよその落札金額がパッとひらめくのです。

こうした習慣を身につけたことで、数字に強くなっていったのかもしれません。

20 苦手意識は準備不足が原因。スキルは使えば使うほど磨かれる

苦手なことに尻込みしないための鉄則

◆こうすれば「苦手」を楽しむことができる

やる気はあっても、苦手意識が先立って尻込みしてしまう――。

誰にでも経験があるはずです。

しかし、苦手意識は能力や性格より、準備不足に起因することが多いものです。

たとえば、キャンペーンで営業の手腕が問われる場面を思い浮かべてください。

まず、顧客名簿を整理したり、販促ツールをつくったりするでしょう。

こうした準備がしっかりできていれば、キャンペーンがスタートして、ゴーサインが出るのを「いまか、いまか」と心待ちにするのではないでしょうか？

ところが、準備が不十分だと緊張と不安でこわばってしまいます。もし、面談時間に遅れでもしたら、そこですでに「勝敗」が決まっている。

準備が万全であれば、その後の経過もおおむね順調でしょう。

「やったあ！」と商談成立を喜び、「よかったね」と周囲からの称賛を浴びて、余韻にひたる。

つまり、準備さえしっかりしておけば、「いまか、いまか」↓「やったあ！」↓「よかったね」という3ステップで仕事を存分に楽しめるのです。

食道楽の方なら、「先味」「中味」「後味」を連想するかもしれません。

ご馳走《ちそう》を前に、まず盛りつけと香りを楽しみ、次に舌鼓《したづつみ》をうち、食後は満腹感とともに幸せな気分を味わう。ビジネスでも同じです。

こうした「成功パターン」が習慣になれば、トップセールスマンになるのに、時間はかかりません。苦手なことでも、ワクワクするゴールをイメージしながら、準備を怠らないことが大切です。

◆難しい仕事だからこそ、スキルが磨かれる

成功パターンをいっそう強固にするためには、「チャレンジ精神」と「日々の訓練」が必要です。

とはいっても、特別なことをしなければならないわけではありません。与えられた仕事を「成功パターン」に沿って着実にこなし、そのなかで気づいた課題をひとつずつクリアしていけばいいのです。

たとえば、お客様と向き合ったとき、表情が硬かったなら、鏡の前で「笑顔」の練習をすればいい。滑舌《かつぜつ》が悪ければ、同僚を相手にロールプレイングをすればいい。

琉球補聴器では、来店客が途切れたとき、社員はお客様役とスタッフ役に分かれてロールプレイングを行います。つねに、訓練しているのです。

そして、仕事で頑張ったときの最大の報酬は、給与ではなく、「自己成長」であることを覚えておいてください。

難しい仕事をやり遂げることによって学んだことが、その結果よりも貴重なのです。そして、次にはより高度な仕事が与えられます。それはとても大きなご褒美です。

「仕事の褒美は、仕事」といわれる所以《ゆえん》です。

仕事を通じてスキルが磨かれて、さらにチャレンジンする。その繰り返しが、本当のプロになるための一本道なのです。

21
1枚のメモ書きはすぐに破れるが、分厚くなれば破れない

どんな些細なことでもメモをとる

◆記録することが「自信」と「信頼」につながる

琉球補聴器の社員は、誰もが高い接客スキルを身につけています。

しかし、それでもトラブルは生じます。

たとえば、いったん補聴器の購入を決めたものの、預金残高が少ないことに気づき、買ったことを後悔するお客様もいらっしゃいます。

そこで成約にあたっては、しっかりした確認作業が必要になります。

補聴器の販売では、重要事項の説明が義務づけられています。また、手抜かりのないように、お客様には丁寧に接しなければならないと考えています。

加えて、お客様とのやりとりを記録に残すことも重要です。琉球補聴器では、店内に来店者ノートを用意し、お客様の要望や担当者からの提案などは逐一、記録するようにしています。

また、病院に医用検査機器を販売する際には、価格交渉になることがあります。そのやりとりが電話で行われた場合、その内容もきちんとメモしておきます。

そうしないと、「言った、言わない」の水掛け論になって信頼を失ったり、自信のなさから不当に安い価格で販売することになったりしかねません。

◆分厚いノートは成長の源

記録やメモは、こうしたトラブルを避けるために不可欠ですが、私は個人的な備忘録として大学ノートを活用していました。

ただし、メモは大学ノートと同じ大きさ（B５判）の用紙に書きます。それを幾重にも折り畳んで、いつも持ち歩いていました。かさばらず、咄嗟のときもすぐに取り出せるからです。お客様がなにげなく口にした言葉や、自分でふと気づいたことなどをそのつど書いていきます。

そして、この用紙がメモでいっぱいになったら、大学ノートに張っておきます。また、社員から手渡されたメモも捨てないで、テープで大学ノートに張り付けます。

ポイントは、1冊のノートに情報を集約しておくこと。メモが散逸することもなく、いつでも読み返すことができます。

また、日付（年月日）も忘れずに記入すること。こうしておけば、メモをしたときの情景とともに、記憶がよみがえってきます。

さらに、裏表紙には、自分の課題を箇条書きでどんどん書き足し、完結したときに横線で消します。これで、仕事にモレやダブリがなくなります。

なお、メモをするときには、情報伝達の基本である「5W1H」――いつ、どこで、誰が、なにを、なぜ、どのように――に沿って記入するように心がけます。

この大学ノートとは別に、手帳の付録になっている住所録も利用しました。住所録は、年ごとに必要な名簿に書き換えました。アップデートすることで、迅速に検索できるからです。ただし、古い住所録も捨てずに保存しておきます。

「私の30年間」が記録された、分厚い大学ノートと住所録。これらは、私の成長の源泉であり、経営者としての誇りでもあります。

22 「日報」と「挨拶」で社員のココロとカラダがわかる

職場の日常習慣で社員を成長させる

◇日報は上司への報告書ではない

一般的に、日報はその日の出来事や成果を記録し、上司に報告することが目的とされています。

しかし琉球補聴器では、いわゆる業務報告に加えて、「所感」を書くことになっています。うれしかったことや悩んだことを、自分の言葉で書くのです。

現在、社員はパソコンで入力していますが、かつては市販の大学ノートを使っていました。どんな些細なことでもいいので、1日1ページの紙面のなかで、必ず2行以上書くことが義務づけられていました。

「朝、会社に行く途中、散乱しているゴミを拾った。それだけで、気持ちがスッキリした」

「お客様との面談中、今日も先輩から言葉づかいを注意された。頭ではわかっているつもりだけれど、実践できていないようだ」

事実の羅列だけでなく、思ったことや感じたことを文章にすることで、考える力（洞察力）や組み立てる力（論理力）がしだいに身についてきます。

また、1日を振り返ることで、「明日にやるべきこと」も整理できます。

私は、社員全員の日報に必ず目を通していました。

前述のとおり、当時は手書きでスマートではありませんでしたが、アナログならではのよさもありました。

たとえば、文字の大きさや並び方を見ると、社員の精神状態がわかります。仕事や私生活がうまくいっているときは、流れるような文章になっていますが、なんらかの悩みを抱えていると文字が乱雑になり、文章も乱れてくるのです。

◆挨拶はビジネスマナーにとどまらない

日報と並んで、日々の挨拶も社員教育の重要な「道具」です。

社員は、必ず通用門から出退勤することにしていました。毎日、私の席から見えるところを通って、私と挨拶を交わすのです。

「おはようございます」「おはよう」と、声をかける。

「お先に失礼します」「お疲れさま」と、労をねぎらう。

きちんとした挨拶は、ビジネスの基本です。

したがって、歩きながらの会釈ではいけません。必ず立ち止まって、目と目を合わせて挨拶します。私も、出社・退社時間には自分の席にいるようにしました。

日々の挨拶を通して、私は社員の精神状態や体調を把握することができました。

たとえば、問題を抱えていたり、健康を害していたりすると、必ず表情や態度にあらわれます。本人が隠そうとしても隠せません。

ちなみに、琉球補聴器では「直帰」という制度はありません。なぜなら、社員の生活が乱れることを恐れるからです。直帰を認めることは、表面的には社員を信用しているように見えますが、実際には「サボり」を誘発することが多いものです。

しかも、サボりは習慣化するから怖い。

最初の1~2回はドキドキしますが、慣れてくるとそれが当たり前になり、しだいに私生活も荒れてきます。

私は、社員のココロやカラダを気遣い、社員が自分磨きに励むことを期待したのです。

そして、こうした取り組みは、少なからず成功したと自負しています。

4章

仕事を総括して人生を楽しむ

23
がんと宣告されて「ハッピーリタイア」を決意した

がんの告知をどう受け止めたか？

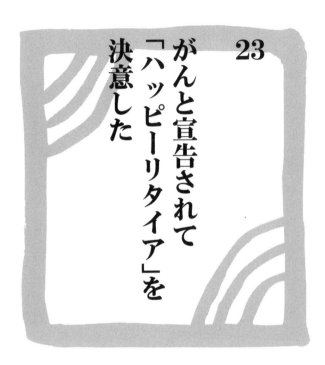

◆「死」を意識しつつ、闘病計画を立てた

40歳で琉球補聴器を創業した私は、60歳で社長から会長になり、63歳で完全引退しました（事業承継については、171～204ページの「対談」で詳しく述べます）。それまでの23年間、私はお客様と社会のため、そして社員を守るために走り続けてきたつもりです。

本章では、私がリタイアを決意してから、田舎暮らしを始めるまでの生活や思いを中心に述べたいと思います。

寝たりきりにならずに、自立した暮らしができる年齢の限界（健康寿命）はあると思っています。ただ長生きして寿命を延ばせばいい、というものではありません。

私は、40代の終わりには、すでに引退後の生活に思いをめぐらせていました。会社を経営するなかでは経験できないことを思う存分、楽しみたいと考えていたのです。

そして、その思いが決意に変わったのは、私が55歳のときでした。

なんとなく胃腸の調子が悪いので、取引先の病院の先生に相談したところ、すぐ内視鏡の検査を受けることになりました。

腸内を映し出すモニターの映像を見て、私も検査技師も思わず唸ってしまいました。腸壁に、水ぶくれのような粒が無数に広がっていたのです。

そして、医師の診断が下りました。大腸がんでした。

私の脳裏には「死」の文字がよぎり、目の前が真っ暗。健康には自信があったのですが、大腸がんという厳しい現実を目の前に叩きつけられ、ショックでした。

ただ、ショックは受けたものの、不思議と悩みませんでした。

「悔いてもしかたがない。現実を受け止めるしかない。いま、なにをすべきか、経営者として会社をどうすべきか？　家族にはどう伝えたらいいか？」と、今後の課題を整理し始めたのです。

若い頃から、困難の壁にぶつかったとき、ネジを巻き返すという生き方をしてきたので、ポジティブに考えるDNAがプログラミングされているのだと思います。

すぐに、頭は切り替わりました。とりあえず、会社と家族のことを優先して整理したあと、「病気が治るとしたら、なにをすべきか?」を考えたのです。

「命はひとつしかない。それなら、日本で最も大きな医療機関で治療してもらおう」

当初、沖縄県内の病院で手術する予定でしたが、世界トップレベルのがん治療を行っている東京・築地の専門病院へ行くことにしました。

◆営業経験を活かして専門医を訪ねる

その病院には、紹介状も予約もなしで飛び込みました。

「紹介状がないと診察カードはつくれません。しかも診察までは、3～4年待ち」

職員から、こう告げられてしまいました。

しかしこの一言で、私のなかにある「断られてからがスタート」という信念が覚醒しました。どんなに分厚い壁でも、諦めなければ必ず開く――。

まず、胃腸科外来の窓口に行きました。案の定、門前払い。そこで、担当医表を見て、20ほどのブースのなかから大腸専門医の名前を見つけ、顔写真も確認しました。そして、直接交渉。ここで役立ったのが、琉球補聴器での営業経験です。

医師の日々の行動は、おおよそ予測がつきます。朝からぶっ通しで診察している先生は、11時頃にトイレに立ち、14時過ぎに昼の休憩に入ります。そこがチャンスです。先生が通る通路も予想して、待ち伏せすることにしました。

◆手術は大成功、無事生還を果たす

予想は的中、昼過ぎにその先生が診察室から出てきました。

すかさず先生に駆け寄って、顔を10センチぐらいまで近づけ、「私の話を1分だけ聞いてください！」と話しかけました。私の経験から、この距離で話しかけられると、たいていの人は立ち止まって話を聞いてくれると思ったからです。

あっけにとられて立ち尽くす先生に、「私は、沖縄の病院で大腸がんだと診断されました。この病院で先生に診ていただきたいと、昨日、沖縄から飛んできました。3分間だけ話を聞いてください」と、お願いしました。

「ここでは、飛び込みでの診察は受けられませんよ」と、先生には丁寧な口調で断られましたが、私は諦めずに言葉を絞り出しました。早口で事情を整理して、窮状を訴えました。

「それでは、（診療時間後の）夕方に、56番の検査室の前に来てください」

先生は、私の熱意を受け入れてくださいました。受付も通さず、いきなり診察を受けることができたのです。

まず、検査が1週間ほど続きました。その間、銀座のホテルから病院へ通っていました。さまざまな人が行き交う銀座の街を夢中で歩きながら、「必ずよくなる。病気に打ち勝つ。生還する」と祈り、何度もその言葉をつぶやいていました。

そして1カ月後に手術。当日、麻酔から目覚めると、集中治療室のベッドの上で、何本ものチューブにつながれていました。人工肛門の手術を予定していたほど悪い状態だったのですが、手術は大成功。人工肛門も免れました。

24

「私は今後、営業をやりません」この一言で社員に本気のスイッチが入った

社内の空気が変わって業績もアップ

◇入院を隠してリハビリに励む

入院することは、一部の社員にしか話していませんでした。取引先や知人、友人にも、いっさい話さないように口止めしていた。なぜなら、余計な心配はかけたくないし、自らに気合を入れて治療に集中したかったからです。

術後の経過は順調でした。「手術後は、なるべく歩いてリハビリしたほうがいい」と、本で読んで知っていたので、キャスター付きの点滴スタンド3本をガラガラと押しながら、広い廊下を何度も往復。1日ごとに、歩く距離を伸ばしていきました。

手術後4日目には、少し調子がよくなったので、明け方3時に病院を抜け出し、近くの築地市場（当時）に足を運びました。新鮮な食材が日本全国から集まる市場の活気あふれるパワーを肌で感じたかったからです。

その翌日も、病院を抜け出して築地市場へ行ったのですが、こんどは看護師さんに見つかり、こっぴどく叱られてしまいました。しかし、いまでは懐かしい思い出です。

◇「生活」と「仕事」を見直した

がんになってはじめて、人の命には限りがあることを実感しました。

それまで365日、がむしゃらに働いてきましたが、がんになってからは「どうせ死ぬのだから、自分の好きなことをしたい」と、考え方が一変しました。

仕事が最優先だった私は、食事の時間も惜しんで、昼食は移動の車中が当たり前。夜は、経営者仲間や社員とのコミュニケーションを図るため、居酒屋で杯を交わしながら、揚げ物などの高カロリー食をとっていました。

しかし、健康でなければ、好きなこともできません。

退院後は生活習慣をガラリと変えました。

まず、食生活の見直し。東洋医学の「玄米菜食」にならって、手術後の3年間は大好きなアルコールを控え、牛や豚などの肉や大きな魚はいっさい口にせず、玄米を主食とした菜食に切り替えました。

また、運動することを意識して、散歩を日課に取り入れました。

さらに、ストレスをためないために、思い切った行動に出ました。

退院してすぐ、「私は今後、プレーヤーとして営業をやりません。皆さんにお任せします」と、社員にお願いしたのです。

社員にとっては寝耳に水。「社長はいったい、なにを言っているのか？」と思ったようですが、結果的にそれがよかった。

それまで私は、会社の代表でありながらプレイングマネジャーとして営業の第一線で陣頭指揮をとっていました。「社員が仕事をつくれなくても、私が社員全員を食べさせるくらいの仕事をつくる」という思いでいたのです。

そこに突然、私の宣言。社員は慌てたと思います。

しかし、私が営業をしなくなったことで、社員に本気のスイッチが入りました。

「自分がやらなければ、誰がやる」

社内の空気が変わり、業績も伸びてきたのです。

25
私にとって「家族」はパワーの源泉だった

なぜ、人は頑張れるのか？

◇家族が一緒に住める家がほしい

私はこれまで、なによりも家族を大事にしてきました。子どもの頃の夢だった「船の機関長」を目指さなかったのも、そのためです。

また、私はずっと、家族と那覇で一緒に住むことを目標にしていました。私は長男なので、自分だけでなく家族全員を幸せにしたいという気持ちが強かったのです。

しかし、「家族を守るため」の先にあったのは、「家族に喜んでもらう」という思いです。

一所懸命働いて、成功した姿を家族に見せたい、ほめてもらいたいと思っていたのです。人は、自分の成功を喜んでくれる人がいなければ、頑張る価値を見出せません。

私が家を買おうと決めたのは、那覇に来てからすぐです。就職してからお金を貯め続けていました。自宅から会社までは路線バスが運行していましたが、交通費分を貯めるため、毎日30分かけて歩いて出勤していました。

ほとんどの同僚は自家用車をもっており、私がひとり歩いている姿を見つけると、「おい森山、乗るか？　送るぞ」と声をかけてくれましたが、「いや、近くで用事があるので歩いていくよ」とごまかしていました。

そうして毎日、コツコツと節約して、24歳のときには３００万円ほど貯金することができました。

「よし、これで建売住宅を買うぞ！」と、意気込んで現金を風呂敷に包み、不動産屋に出向きました。気に入った物件を見つけたので、さっそく契約しました。

◆マイホームは「家族への愛」の象徴

ところが、叔父や勤務先の社長に、いきなり怒られてしまいました。

「まだ子どものお前が、家を買うなんてとんでもない。それに、沖縄は昭和47年に本土に復帰すると決まっている。復帰したら破格の値段に下がってしまうから、買うのはやめさない」と反対されたのです。やっと手に入れたマイホームでしたが、しかたなく解約。契約金として渡した３００万円のうち、半額を没収されました。

その後、25歳で結婚し、こんどは27歳で家を買うことを目標にして、再びコツコツとお金を貯めていきました。

そして念願のマイホームを取得。さっそく宮古島から両親を呼び寄せて、新居に住んでもらうことにしました。その頃、１人目の子どもが生まれていたのですが、私たち家族３人は、近くの市営住宅に住むことにしました。

それから3年後、２階を増築して、ようやく家族全員で住むことになりました。

なぜ、こんな昔話をするのか？　それは、私の家族への強い思いが「マイホーム」にあらわれていると考えるからです。

私は、琉球補聴器の経営において、社員だけでなくその家族も大切な「仲間」だと考えています。その私が、63歳で経営から離れ、移住を決意します。

26

大自然のなかに「大人の遊び場」を見つけた

第二の人生は「農的暮らし」

◇大自然のなかに移り住む

会社をリタイアした私は、沖縄本島北部の東村《ひがしそん》に居を移しました。「もりもりファーム」という農業生産法人を立ち上げ、「農的暮らし」を満喫するためです。

農的暮らしと聞くと、家庭菜園をイメージするかもしれませんが、私が現在、行っている農的暮らしは、野菜をつくるだけではなく、近くに山も川もあり、野鳥やイノシシが遊びに来るような生活です。

私はかねてから、大自然のなかで自由気ままに、そこにいるだけで幸せを感じるような「何もしない贅沢」を味わいたい、と思っていました。

私が現在、暮らしている東村は「山原（やんばる）」と呼ばれ、自由がなによりのご馳走になる「大人の遊び場」のようなところです。

農的暮らしを実現するためには、5000坪ほどの畑が必要でした。私はユンボ（油圧ショベル）で雑木を伐採し、境界線をフェンスで囲んで環境を整えていきました。

するると、目の前に小さな滝を発見し、お宝を見つけた気持ちになりました。まさしく、私が思い描いたとおりの「大自然の恵みにあふれる」土地だったのです。

◆「自然農」を実践する

農業に関しては、宮古島に住んでいた幼少時代も畑仕事の経験はあったものの、一から農地をつくるのは、はじめての経験です。

自己流よりは、その道の師を探したほうがいいと思い、ご近所で農業を営む方から指導を受けることになりました。

開墾を始めた頃は、まだ東村に住む家が完成していなかったので、畑の近くの知人宅に泊まらせてもらったり、工場ヤードを3カ月ほど間借りして住む家をつくりながら、畑を切り開いていきました。

また、身体にも環境にもやさしい「自然農」を目指していました。

そこで、自然農を学ぶためにも、北海道や長野県の安曇野《あづみの》、海外ではキューバまで視察に行きました。

当時のキューバは、アメリカによる経済制裁が行われていたことで、農薬や化学肥料が輸入できず、無農薬による自然農が当たり前のように行われていたのです。

オーストラリア人が構築した「パーマカルチャー」も学びました。パーマカルチャーとは、「健康的な暮らしを持続するためのデザイン全般」「永続性のある農的暮らし」「多様性のある自然と共生するライフスタイル」を基本的な考え方としています。

具体的には、食べかすなどを堆肥化して畑にまいて、その肥料で育った野菜を食べるといった循環型農業を取り入れています。私の畑でも、化学肥料や農薬をいっさい使わずに、自然と共生しながら野菜を育てています。

そうして育てた野菜は、まず香りが違います。完熟したトマトなどは、味の濃さと旨味が違います。形は少々いびつでも、太陽をたっぷり浴びた野菜や果物を食べているので、私は健康そのものです。

27

自然が相手だから、責任をもつこともできない約束することもできない

ストレスから解放された農的暮らし

◆無農薬野菜と放し飼いのニワトリ

自宅の目の前では、ナスやキュウリ、トマト、ブロッコリー、ハーブ類を育てています。庭園のようにおしゃれで「海の見えるガーデン」と呼んでいます。

料理をしながら、「キュウリが足りない、ネギが必要」となれば、畑から獲りたての食材を調達することができます。

海に近いので、ミネラル豊富な海風と排気ガスの少ないきれいな空気、さんさんと降り注ぐ太陽のもとで育った野菜は、本当においしい。これほど贅沢なことはありません。

一方、自宅から少し離れた山の中にある「森のガーデン」では、ショウガや根菜類、豆類、果物を育てています。

ここではニワトリも放し飼いにしています。土中のミミズや雑草も食べており、ニワトリの糞は肥料になります。まさに一石二鳥。

毎朝、産み落とされる卵は、新鮮なまま生卵で食べるのが最高です。あつあつのご飯に生みたての卵をかける「卵かけごはん」が、なによりのご馳走になります。

ただ、自宅のまわりには、スーパーもコンビニもないので、買い物は大変。都会に比べると不便なこともありますが、自分たちで育てた野菜や卵で生活することに、満ち足りた幸せを感じています。

◆フクロウの鳴き声がBGM

東村での1日は、ニワトリの鳴き声から始まります。日が昇る前に目覚め、薄明りのなかで、ニワトリにエサを与えてから畑の手入れをします。

朝食をとりながら新聞を読んでいると、あっというまに10時は過ぎてしまいます。

「田舎暮らしはのんびりしている」と思われがちですが、畑仕事は毎日やることがたくさんあり、かなりの肉体労働です。疲れますが、心地よい疲労感を楽しんでいます。

日が暮れると、まわりに街灯がないので、あたりは真っ暗です。

空を見上げると、満天の星。食後、そんな星空を見上げながら、ガーデンテラスでビールを飲んでいると、どこからかフクロウの鳴き声が聞こえてきて、BGM代わりになってくれます。

NHKの夜のニュースを見るのが日課ですが、途中で居眠りが始まります。そのままベッドに入ると、3秒とたたないうちに夢のなかです。こうしたなにげない日々が愛おしくてしかたありません。

◆会社経営と農的暮らしの根本的な違い

私にとって「のんびりと暮らす」とは、ストレスがないことです。約束ごとや責任がないことが「のんびり」なのです。

会社を経営しているときも、「今日は、のんびりした1日だった」と思うことがあっても、「約束」や「責任」、あるいは「目標」などに縛られて、落ち着かない日々でした。このことを、田舎暮らしを始めて、あらためて思い知らされました。

経営をしている限り、利益を上げることが最優先です。しかし、農的暮らしのなかでは、計画的に利益を得ることはできません。

なぜなら、自然を相手にしているからです。天候不順で作物がうまく育たなくても、台風で全滅しても、「自然相手のことだから、しかたがない」と、諦めるしかありません。

「晴耕雨読」という言葉があります。自然と共生していると、雨が降れば畑仕事ができないので読書をし、晴れたら畑を耕す。これが、いまの私の生活。自然に逆らわず、ありのままに生きることの大切さが身にしみる毎日です。

私たちはこうして事業承継を成功させた

／本音対談／

㈱琉球補聴器 創業者 森山勝也相談役

㈱琉球補聴器 代表取締役 森山賢社長

平坦ではなかった事業承継の道程

――いつ頃から、現社長へのバトンタッチを考えましたか？

相談役　大病を患った55歳のとき、事業承継を真剣に考えました。事業承継のセミナーに参加したり、専門家の講演を聴くなどして情報収集にも努めました。いつ、誰に、どのようにして事業承継をすればいいのか、具体的に模索したのです。

まず、引退の時期は60歳前後。社長業は苦労も多くたいへんですが、やりがいがあり、地位も名誉も得られる。だからといって、いつまでもしがみついていては、会社や社員にいい結果をもたらしません。

また、後継者は、やはり親族がいいだろうと考えました。

中小企業の場合、会社法人ではあっても、代表者に連帯保証が求められるなど、経営者と企業の一体性が強い。そのなかで、創業者はさまざまな逆風を受けながら、必死で会社という組織をつくり上げていくわけです。

その会社を他人に任せて、万一、破綻するようなことになっては悔いが残る。

――ただ、辞めるには早いのではないですか?

相談役 たしかに、そのような周囲の声は多かった。しかし、私はまったくそう思いません。

たとえば、社長の急逝などによって、跡取りが20代後半で新社長に就任することがありますが、残された社員は途方に暮れ、大慌てで後継者を決めているケースがほとんどです。

私は、そんなドタバタのなかで事業承継はやるものではないと思います。たとえていうなら、生まれたばかりの子どもに社長を引き継がせるようなものです。経営者は、後継者を育てるために、伴走する必要もあるのではないでしょうか?

だからこそ、体力も精神力も十分に備わっているうちに、引き継ぎたいと考えたのです。大病を患って、体力の衰えを感じたのは事実ですが、あくまで将来を見据えた決断でした。

そもそも、私の人生設計では、50代で会社経営を卒業し、第二の人生を謳歌したいと考えていました。その意味では、遅いぐらいです。

ただ、こうした人生のプログラムは、誰にも話していませんでした。自分の胸の内に収めて、ひとりで思い描いていたことです。

それが大病を患ったり、妻が亡くなったり、東京で就職していた長男が沖縄に帰って来てくれたりするなか、友人・知人の助言や支援もあって60歳で社長交代。63歳で会長からも退いて相談役になり、「ハッピーリタイア」を実現することができました。

しかし、ここに至るまでの道程は、必ずしも平坦ではありませんでした。ビジネスライクに淡々と事業承継が進んだというのではなく、社長と私、あるいは社員とのあいだで思いがすれ違うこともあった。さまざまな軋轢《あつれき》をひとつずつ乗り越えて、今日の琉球補聴器があるのです。

東京に骨を埋める覚悟だった長男

社長　そもそも、私も父の会社を継ぐつもりはありませんでした。

東京の大学を卒業すると、新宿に本社がある教材販売会社に就職しました。ところが、職場環境は劣悪。営業に配属され、大学生や短大生向けのダブルスクールを案内するのですが、毎日、名簿をもとに電話をかけ、朝早くから夜中まで働いていました。里帰りも、なかなか許されないほどです。いまなら、ブラック企業の烙印を押されるような会社でした。

それでも数年、勤めていました。会社を辞めることに罪悪感があったのです。なぜなら、私を信じて入学した学生が大勢いたからです。見ず知らずの相手からの電話で始まる営業なので、うさんくさく思われてもしかたがないのですが、私を信じてくれた。ローンを組んで、バイト代から学費を捻出する学生も多くいました。

また、しばらくすると部下がつき、彼らは私のことを兄貴のように慕ってくれました。会社を辞めるのは、彼らを見捨てることにならないかと、思い悩んだのです。

転職したいけれど、なかなか踏ん切りがつかない——。

そんな私の背中を押してくれたのは、父の経営者仲間であり、人・経営について共に学び、互いの将来を語り合うK会長です。

たまたま帰省していた私をおでん屋に誘ってくださり、「辞めるというのは、見捨てることじゃない。思いやりがあるだけでも立派。これからの生き方は自由に決めていい」と助言してくださったのです。

父としても、私が退職することを願っていたと思います。ただ、当時の私は、父の言葉を素直に聞く耳をもっていませんでした。K会長はそのことを知っているので、そばから援護射撃をしてくださったのでしょう。

相談役　作戦成功です。

社　長　結局、私はその会社を辞めました。しかし、次になにをするかは、まったく決まっていない。

東京に戻った私は、3カ月ぐらい自宅のアパートにこもって、浮き世離れした生活をしていました。しかし、ちょうど9・11同時多発テロが起きた頃、新聞を丹念にチェックしたり、近くのファミレスで朝から晩まで本を読みふけるようになりました。これまでの情報の遅れを取り戻したかったのです。

たとえば、落合信彦さんの本を読んで、破天荒な人生に憧れたり、手塚治虫さんのマンガに感銘を受けたりしました。当時のベストセラーから古典の名著まで、退職金で大量の本を買い込んで読み漁っていました。

そうしたなか、琉球補聴器の取引先である補聴器メーカーの子会社を父から紹介され、転職することになりました。

その会社は、補聴器の販売会社です。普通なら、同業者の経営者の長男を入社させることには抵抗があるはずです。親身になって育てても、いずれは親の会社を継ぐと予想できるからです。

だからこそ、私は「この会社に骨を埋める」と決めていました。「絶対に辞めません」と血判を押すような気持ちで入社した。そのとき、私は28歳でした。

なぜ、帰郷を決断したのか？

社長　この会社では、一緒に働く人たちにも恵まれ、私はバリバリと働いていましたが、3年ほど経ったとき、母が亡くなりました。

父からの電話で母の危篤を知った私は、急いで沖縄に帰りましたが、母はすでに旅立っていました。母は57歳、私は30歳。早すぎる別れにショックは大きく、悲嘆に暮れました。

一方、大事な伴侶を亡くした父も、やるせない悲しみを抱えていたと思います。私は、初七日の法要を終えて東京に戻りましたが、琉球補聴器の古参社員や幹部からは、幾度となくこんな電話がかかってきました。

「賢さん、お母さんが亡くなって、お父さんがしょんぼり肩を落としている。沖縄に帰って来られないかねえ」

また、「沖縄はそろそろ、うりずん（春分から梅雨入りまで）の季節ですよ」などと、郷愁を誘う葉書や手紙もいただきました。

父から直接、「帰ってこい」とは言われませんでしたが、周囲の方々から私の帰郷を促すお便りをいただいていたのです。

そして私も、帰郷を決断。それは、なにより母への恩返しがしたかったからです。

私は東京で働きながらも、母への親孝行ができなかったことを後悔していましたが、ふと「亡くなったあとでも、できる親孝行はないのか？」と考え、あることに思い当たりました。それは生前、母が大切にしていたモノ、コト、ヒトを大切にするのが恩返しになるのではないかということです。

そこで最初に思い浮かんだのが、父の顔。父の会社に入ることが、母への恩返しになるのではないかと思ったのです。

相談役 妻は十数年間、自宅療養をしていましたが、私の出勤と同時に自分も起きて、私が帰宅するまで1日14〜15時間、ずっと椅子に座ってダイレクトメールを手書きしたり、お客さんの名簿を整理したりしていました。また、月々のイベントのダイレクトメールも手書きで作成していました。亡くなる1週間ぐらい前まで、琉球補聴器のために頑張ってくれていた。

社長 私は帰郷を決意したものの、琉球補聴器に入社するまでには葛藤がありました。骨を埋めると決めていた会社を、約4年で辞めることになるからです。

そこで社長に相談したところ、「森山君のなかで答えは出ているんじゃないの？　そのとおりに動きなさい」とおっしゃって、盛大な送別会も開いてくださいました。

筆記試験と面接を受けて入社

社　長　私は、32歳で琉球補聴器に一般社員として入社しました。そして支店の店長に昇進。そのあと、本社に戻って常務取締役を半年ほど務め、35歳で社長に就任しました。

相談役　琉球補聴器では、人を採用するにあたって「明日からおいで」ではなく、きちんと筆記試験をして、役員が面接を繰り返し、皆で協議して採否を決めます。森山賢も例外ではありません。

ただ、彼が琉球補聴器で仕事をするなかで、社長交代の時期がくるだろうという期待はありました。だから、役員の皆さんが森山賢の採用に同意してくれることを心のなかで祈っていた。幸い、満場一致で合格となりました。

――一方、社長はどうでしたか？　後継者になることに覚悟はありましたか？

社　長　正直なところ、入社時に腹が決まっていたわけではありません。父から「社長になってくれるか？」と聞かれたことも、私から「なります」と答えたことも記憶にありません。具体的な話は、ギリギリまでなかったと思います。

――常務取締役になった時点で、社内では後継者候補として認知されたのでは？

相談役　創業者だからといって、鶴の一声で息子を社長にするのは傲慢だと思います。役員会議に諮って、皆さんの了解をもらいました。そのあとで、本人に話したと記憶しています。

20周年のセレモニーで社長交代

相談役

平成19年、琉球補聴器は創立20周年を迎えました。社長交代は、そのタイミングで発表しました。

私は創立5年、10年、20年という節目ごとに、大きなホテルでイベントを行っていました。補聴器メーカーや病院、大学関係者、市町村の首長、さらに社員の家族も招いて、セレモニーを開いたのです。

年末に行われた20周年記念式典は、事業承継を発表するのに絶好の機会。広く認知してもらえるようマスコミ関係者も招き、趣向を凝らしました。陸上競技でつかうバトンにリボンを結び、私から森山賢に渡しました。まさに「バトンタッチ」です。

そして翌20年4月1日、代表取締役会長と代表取締役社長という体制で新たなスタートを切りました。

ただ、新社長の就任にあたっては、ひとつ条件がありました。

それは結婚すること。社会的に信用がない独身では、経営を任せるには心もとなない。社員とその家族の生活を守っていくには、社長自身が結婚していることも大事だろうと考えていたのです。背後に家族がいると、自ずと責任感が強くなるのではないでしょうか？

はからずも、創立20周年記念式典の数日後に、息子の結婚披露宴が開かれました。

社長 私のなかでは、事業承継のために結婚したつもりは毛頭ありません。結果オーライだったんですね（笑）。

3年間、会長は社長に「伴走」した

――社長と会長は、ともに代表権をもっていますが、どのような役割分担でしたか？

社長 実印は当然、会長がもっていましたが、意思決定は微妙な関係のなかで進んでいたと思います。なんとなくお互いが遠慮したり、私に謙虚さが足りなかったりしたせいで、円滑なコミュニケーションがとれていなかったのかもしれません。

振り返れば、会長に対してぞんざいな態度をとったり、会長と意見が合わずに反対され続け、ふてくされたりしたこともあったと思います。

相談役

しかし、親子の信頼関係はありました。あえて口に出して言わなくても、おおよそは理解し合えるだろうと、私は思っています。

事業承継で重要なのは、「後継者に任せる」覚悟をもつことだと思います。そうでなければ、せっかく後継者にバトンを渡したのに「あなたがもう一度、社長をやればいいいじゃない？」と、やる気を削ぐことにもなりかねません。

ただし、琉球補聴器の場合、社長が成長するまでは「伴走する」ことも必要だと考えていました。子どもに自転車の乗り方を教えるとき、後ろからそっと押して、本人が気づかないうちに手を離す。こんなイメージで、会長を退くまでの3年間、社長をサポートしました。

――中小企業の場合、マネジメントやリーダーシップなど、いわゆる帝王学を後継者に授けるケースが多いと思いますが、琉球補聴器ではどうでしたか？

相談役 帝王学というより、社員のみんなと馴染ませることにウェイトを置きました。企業にとって最も大切な資産は、商品やお金、不動産などではなく、社員だと考えています。新社長のもとで全社員が一致団結すれば、どんな困難も乗り越えられるのではないでしょうか？

また、取引先の担当者やお客様、そして地域社会の人々にも、新しい琉球補聴器を認めていただいてから引退したほうがいいと考えていました。

――会長として社長に伴走した3年間は、実務を引き継ぐというより、会長と社長、そして社員の皆さんの気持ちを擂《す》り合わせるために必要な時間だったのかもしれません。

では、2年目、3年目となるにしたがって、会長から社長への権限委譲はどのように行われましたか？　たとえば、会長が社員から相談をもちかけられたとき、「私ではなく、社長に聞いてくれ」と、社内の雰囲気づくりをされたのでしょうか？

社長　私の認識としては、社長になってから徐々にシフトしていった感じではありませんでした。早い段階で、ポンと海のなかに投げ込まれ、「自由に泳いでごらん」と言われたようなイメージです。

そのあとは、静観していたり、たまに助けてくれたりして、私が早く泳げるようになるためのステージをつくってもらいました。

しかし、私が社長としての責任を肌で感じるようになったのは、会長が相談役に退いてからです。

じつは、父と生まれてはじめての大喧嘩《おおげんか》をしたのも、このタイミングでした。

相談役　いまは笑って話せますが、当時はたいへんでした。

会長と社長の「最後の衝突」

社長　会長は、3月31日で勇退しましたが、4月1日もそれまでと変わらずに出社しました。驚きましたね。

「どうして、来たの？」

私は思わず、こんな言葉を口にしていました。一方、父は不機嫌な表情で「私が創った会社なんだから、来るも来ないも自分で決めるよ」と一言。

いまなら、父の憤りを理解できますが、当時の私はそうではありませんでした。

「もう、会長でもないんですよ」

すると、父は私の横柄な口ぶりに怒りをあらわにしました。

「なんだ、その態度は。親に対して、また創業者に対して失礼だと思わないか？」

「話をすり替えないでください。引退したんでしょ」

私としては、いつまでも父に頼っていては事業承継にならない。父には、相談役として陰から見守っていてほしい。そんな思いがあったのですが、私が身を震わせて思いの丈を伝えると、父も気持ちをたかぶらせ、ふたりのボルテージはどんどん上がっていきました。

「シーッ。お店まで聞こえていますよ」

古参の女性社員に注意され、論争が収まったのは1時間ほど経ってからです。

相談役　会長職に未練はまったくありませんでした。経営者としての責任は、すでに果たしたという気持ちです。しかし、「もう、会社には来るな」というニュアンスが伝わってきて、感情のマグマが吹き出した。

「これまで一所懸命、お客様をつくり、社員を育て、社会にも貢献してきたつもりなのに、ここですべて掻き消されるのか？」といった疎外感を覚えたのは事実です。

社長との論争のあと、社員のひとりが「以前と、なにも変わらないんじゃないですか？」と口走ったときは、私の存在を否定されたように感じて、思わず胸ぐらをつかみそうになりました。

もちろん、本人にそのような意図はなかっただろうし、社長が言っていることも理屈として正しい。しかし、自分の感情が抑えられなかったのです。

社長　父に話したことは間違っていないと思いながらも、父の心を深く、深く傷つけたことには、たいへん後悔しています。

父が憔悴《しょうすい》していることは、私の耳にも入っていました。また、父の経営者仲間であり、私の進路についても助言してくださったK会長からは、お叱りの電話をいただきました。

「賢さん、お父さんにひどいことしたね。あなたみたいな人が、会社を潰すんだよ」

経営者としての器量、人間力に欠けていたことを思い知らされました。

そして約1週間後、私は田舎暮らしを始めていた父を訪ね、無礼を詫びました。

会長には「クールダウン」が必要だった

相談役 当初は、怒りのマグマを抑えることに必死でしたが、社長が夜中に1時間半も車を飛ばして「すみませんでした」と謝りに来てくれたり、友人が癒してくれたおかげで、徐々に落ち着いてきました。
それでも、1カ月ぐらいは喪失感でボーッとしていた。やはり、人間も感情の動物。ここが難しいところです。

クールダウンという言葉がありますね。たとえば野球では、試合が終わっても、ピッチャーはキャッチボールをします。それは、疲弊した肩を壊さないためのクールダウンです。

どんなことにも、ウォーミングアップとクールダウンが必要だと思いますが、とくに事業承継では、意識的に行わなければならないのかもしれません。

――会長の伴走が社長のウォーミングアップなら、会長にもクールダウンが必要だったのですね。

社長　本来、会長職に就いた3年間が父のクールダウンだったはずです。ところが、父はその期間も全力投球していた。私が後継者として成長しきれていないので、サポートが必要だったからです。父は「どうするべきか?」と悩ましい日々を過ごしていたのではないでしょうか?

父にとっては、会長を辞して代表権を手放してからがクールダウンの時間だったのだと思います。

それなのに、「早くロッカーに引き上げてください」「もう試合終わっているんです。どうしてまだ投げようとしているんですか？」と私に言われて、父は腹が立ったのでしょう。

相談役 ハハハ。会長になったら、ゴルフや旅行を楽しみながら、午前11時に出社し、午後3時に帰るといった働き方をすればよかったのかもしれませんが、私はそういうことができない性格です。

朝6時に起きて、髭を剃って身支度し、会社に行くという生活を30年間続けました。ボールを投げる習慣がついていたのです。それを突然、「ボールを投げるな」と言われてしまった（笑）。

新社長を本気にさせた「社員からの直言」

――会長の伴走期間が終わって、社長はどのように経営に取り組みましたか？

社長　後継者としての自信もなく、不安だらけでした。世間知らずで、父のようなリーダーシップもない。

会長がいるときは、自由に手足を伸ばせないような窮屈さがありましたが、いよいよ独り立ちすることになったら、予想以上にプレッシャーが大きいことを実感しました。開放感を味わい始めていた一方で、なんだかフワフワした、落ち着かない気分だったことを覚えています。

こうしたなか、会長が引退して4カ月後に転機が訪れました。「ビジョン研修」と称する宿泊研修で本気のスイッチが入ったのです。

――その研修はどんな内容ですか？

社長　当時、35～36名の社員がいましたが、社員全員が参加して会社のビジョンを考える研修です。

まず、机をコの字型に並べた研修会場に集合し、各自が付箋紙に3年後の夢を書き出します。無記名で、どんなことを何枚書いてもいい。

すると、800枚ぐらい出てきました。たとえば「週休3日制」とか、「賞与が3回出る」とか、刺激的で素敵な夢がいっぱい書いてあり、会場は盛り上がった。私もワクワクし、社員との一体感を味わっていました。

ところが次の段階で一転、アウェーな雰囲気に包まれました。

もう一度、付箋紙が渡され、これらの夢をかなえるために排除しなければならない「阻害要因」を書き出す。すると、700枚ほど出てきましたが、そのうちの約100枚が私への不満。

「社長はよく外回りをしているが、なにをしているのかわからない」

「会社への思いに、相談役と社長で差がありすぎる」

「社長が本気で変わらないと、会社は潰れる」

こうした直言がズラリと並んでいたのです。私は、「なんだ、これは?」と絶句。社員の顔を見ると皆、パッと目をそらしてしまいました。

――きつい研修ですね。

夕食の時間になっても、僕のまわりには誰も来ませんでした。

そして夕食後、テーブルを片づけてビールやお酒を飲みながら、セッションを再開。こんどは、言いたいことを口頭で伝える形式です。

しばらくは誰も発言せず、シーンとしていましたが、1人の女性スタッフが手を挙げて、ちょっと震えながら話し始めました。

「私は、相談役が社長だったとき、社長に憧れて入社しました。もし、いまの社長だったら、琉球補聴器を選びませんでした」

話し終わると、涙を流しながらじっと座っていました。

この発言をきっかけに、辛辣な言葉が相次ぎます。

「社長が心から社員のことを愛しているのか、わからない」

「社長が社員に遠慮しているのがわかるから、僕らも社長に遠慮している」

怖がりながら、あるいは怒ったような表情で本音を語ってくれました。

翌朝の朝食でも、私のまわりには誰も来ませんでした。

午前9時、2日目がスタート。前日のセッションを振り返って意見を述べます。

最初に私が手を挙げ、こう発言しました。

「昨日は、皆と夢の共有ができました。ありがとうございます。私も夢をかなえたいと思った。でも、僕自身が、夢の実現を妨げている張本人だということを教えてもらいました。すみませんでした」

正座して、床に頭をつけて謝罪したのです。悔しさと惨めさで、それまで我慢していた涙があふれました。

しかし同時に、社員からの厳しい批判は、社員が琉球補聴器を愛しているとの証であり、私への期待のあらわれでもあると思い当たり、いつのまにか頬をつたう涙は、感謝の涙に変わっていました。

――社長として、はじめて社員と真正面から向き合ったのですね。

社　長　それまで私は、どこかで逃げていました。なにか問題が起きると、心の片隅で「創業者が悪い、仕組みが悪い、社員が悪い」と人のせいにしたり、「商品が悪い、メーカーが悪い、時代が悪い」と言い訳をしたりしていたのです。覚悟が決まっていない経営者だったと思います。

「社長と呼ばないで！」で本当の社長になった

――そこから、社長はどのように変わりましたか？

社長　まず、「僕を社長と呼ばないでほしい」とお願いしました。社長と呼ばれているから、生意気になったり、勘違いしたりするのではないかと、自分を戒めたかったのです。いまは、「賢さん」と呼ばれています。

また、父にする言葉づかいや振る舞いなどを見直しました。指導力があり、家庭でも厳しかった父に対して、私は反発していたのかもしれません。入社以来、父に対して役職名でしか呼んだことがなかったのです。

そこで、仕事では「相談役」、プライベートのときは子どものときのように「父さん」と使い分けるようにしました。素直になったつもりです。ときどき一緒に飲みに行くようにもなりました。

じつは、これがいちばん大きな変化であり、最初に変えるべきことだったと思います。社長が自分の親をぞんざいに扱ったり、敬っていなかったりすれば、人間性が疑われる。そんな社長のもとで、社員は本当の安心感を得られないでしょう。

面白いのは、自分が変われば、周囲にも変化が生まれたことです。

私が社員に「変われ」「成長しろ」と言っているうちは、なにも変わりませんでした。心のシャッターが下された状態にもかかわらず、それをこじ開けようとしていたのかもしれません。

ところが、私が「社長と呼ばないでください」と提案すると、すべての店長が「僕たちも『店長』とは呼ばないでください」と申し出てくれました。

――社長と呼んでもらわなくなった時点で、本当の社長になった――。

これは象徴的ですね。二代目社長は、先代を慕って集まった社員を率いていかなければなりませんが、なかなかたいへんなことだと思います。

数人の仲間でスタートした会社の場合、創業メンバーは気心の知れた仲間のような存在であり、その延長線上で社員が増え、会社が徐々に大きくなっていくのが一般的です。しかし、二代目は大所帯になった会社で、はじめから「社長」としての重責を担わなければなりません。社長は、高いハードルをひとつ乗り越えられたのでしょう。

その後、社長はどのような取り組みをしたのですか？

社長　休日を増やしたり、時短を進めたりするなど、いわゆる働き方改革はしていますが、それは手法的なことです。

いちばん変えたのは、父に対する自分自身の「あり方」です。

たとえば、創業25周年の社員旅行では、父の生まれ故郷を訪ねました。多良間島の生家跡に行って、父のルーツをたどりました。そこで父に「ここに居間があって、ここでご飯を食べて……」などと、幼少期の思い出を語ってもらいました。

このようにして創業者の思いを理解したことで、採用にも変化があらわれました。

現在、琉球補聴器は、合同企業説明会で新卒の大学生を採用することも多いのですが、そこでは初任給や休暇といった待遇よりも、企業理念や創業者の思いを語るようにしました。その結果、会社の理念に共鳴して、応募してくれる人が増えました。

その一方で、新入社員の親御さんには、訪問や電話で直接ご挨拶するようにしています。

第二の人生が始まり、第二の創業期を迎える

――相談役はいま、社長にどんなことを伝えたいですか？

相談役　「ありがとう」と、感謝の言葉しかありません。社長は「まだ、自信がない」と焦燥感にかられているかもしれませんが、私からすれば、よくやっている。私が社長と同じ40代後半だったときに比べれば、何倍も頑張っていると思います。

たとえば、ＩＴ化が急速に進むなか、ライバル社に後《おく》れをとらないよう、さ

まざまな改革に取り組んでいます。具体的には、お客様のカルテを電子化してスマートフォンで共有したり、経理業務をクラウド化したりしています。

県内各地の店舗をテレビ電話でつないで、全員参加の朝礼が行えるようにしたのも社長。こうした先進技術を導入し、ビジネスを展開していますが、私が経営にしがみついていたら、時代に取り残されていたかもしれません。

また、社長は、社員が働きやすいオフィスにするためなら、高価な事務機器を購入することもいとわない。その一方で、スペースをとる余分な事務机などは、躊躇なく廃棄処分にします。私では、こんな「断捨離」はできなかったでしょう。

――相談役として、どのようなスタンスで社長を支えたいと考えていますか？

相談役　琉球補聴器の経営に口を出すつもりは、まったくありません。その資格もない。同時に、経営に対する責任も負いません。

仮に、社長が失敗しそうになっても、横から口をはさむようなことはしません。その場になったら、なにか言いたくなるかもしれませんが、決して言わない。なぜなら、私が指摘しなくても、他人が教えてくれるからです。
現代社会にはそぐわない表現ですが、「女の子は炊事場で学び、男の子は四つ又（交差点）で学ぶ」という言葉があります。会社の後継者は、ここでいう「男の子」。つまり、世間の荒波にもまれることで成長していくのです。
いま、会社に出向くのは週に1～2回、自宅で採取した鶏卵を届けに行くぐらいです。裏口から事務所に入って、私宛の郵便物を受け取って帰るようにしています。通常、滞在時間も10分程度で、社員の皆さんと顔を合わせることもほとんどありません。

――「引退したらこれをやろう」と、相談役にも構想があったのではないですか？

相談役　現役時代は「引退したら、釣りがしたい、狩猟がしたい、ゴルフもしたい、あれもしたい、これもしたい」と夢はいっぱいありましたが、身体はひとつなので全部はできません。

私の場合、1割できたかどうか怪しい。船を購入して釣行《ちょうこう》しようと、小型船舶の免許も取得して準備しましたが、それも実現していません。そこで、農業にウェイトを置いて「農的な暮らし」を満喫しているわけです。

また、リタイア後の生活にも「準備期間」があることは、覚えておいたほうがいいと思います。

引退直後は、現役生活の緊張や疲労などから、なかなか針路が定まらないものです。それが2~3年経つと、第二、第三の人生に対してスイッチが入り、元気を取り戻します。言い換えれば、それだけにリタイアは早めのほうがいい。

不思議なことに、気力が充実すると、体力も回復してくるものです。声に張りが出て、肌の色つやもよくなる。パワーもよみがえってきます。そうすると、食事もお酒もおいしくいただけます。

そもそも、せっかく生まれてきたのだから、一生を企業戦士で終わらせず、それまでやりたくてもできなかったことをやったり、家族のためになにかをしてあげたりする時間がほしいのではないでしょうか？　10年ぐらいは、なんの責任もなく、楽しく生きたいと思いませんか？

――リタイアして心がけていることはありますか？

相談役　自分に言い聞かせているのは、「いま」が大切だということです。

会社経営では、いつも将来を見据えながら生きていました。たとえば、無駄遣いはせず、倹約を心がけていました。現役時代はそれでいいし、こうした生き方が習慣として身についています。

しかし、リタイアしたら、この習慣を見直すべきだと思います。「明日」を心配して「今日」を我慢するのではなく、やりたいことはすぐにやるのです。食べたいものがあれば食べる、お金も節約するのでなく、思い切って使う。なぜなら、日付が変わると、次の「風景」があらわれてくるからです。

いま、「農的な暮らし」をしているのでわかりますが、植物も動物も成長し、子孫を残すために、日々を懸命に生き抜いていきます。これはすごいことだと思います。

人間も、こうした自然の摂理に沿った「原点」に立ち返ることで、それからの人生が変わってくるのではないかと思っています。

――では、社長は今後、琉球補聴器をどのような会社にしたいと思っていますか？

社長　父がつくった社風のもとで、社員は皆、明るく元気で明朗です。仕事に対するベクトルも同じで、派閥争いなどとは縁がない。彼らの「接客力」をもってすれば、補聴器に限らずさまざまな商品で喜びを与えられるのではないかと思います。だから、補聴器の次にくる、新たな「柱」も模索したい。

また、営業エリアも沖縄に限定せず、琉球補聴器の接客を広く展開したいと考えています。

文・構成　㈱あさ出版 編集部

おわりに

現在、私は亜熱帯の森が広がる「やんばる」で、晴耕雨読の日々を過ごしています。琉球補聴器の経営から退いて、約10年。かつてのように、経営者仲間と杯を交わすことは少なくなりましたが、週1回のロータリークラブの会合に出席したり、ときおり現社長と歓談したりすることも、楽しみのひとつになっています。

また、現役時代にはなかなかできなかった海外旅行にも出かけ、世界の広さ、すばらしさに驚嘆しています。いま、私はとても幸せです。

「ハッピーリタイア」を実践できたのは、20代からコツコツと、損得抜きで仕事に取り組んできたご褒美だと思っていますが、同時に、私ひとりの力では、決してかなわなかった夢です。

先輩や仲間、お客様の皆様の多大なご支援があったことを、本書を執筆するなかで、あらためて思い知らされました。

本書上梓にあたっては、琉球補聴器の森山賢社長をはじめ、赤嶺嘉一氏ほか社員の方々には、多忙のなかで取材に協力していただき、深く感謝申し上げます。

また、公私にわたって私を支えてくれた故・森山正子氏、妻・森山朝子氏には、この場を借りて感謝の気持ちを伝えたいと思います。

さらに今回、出版の機会をくださったあさ出版の佐藤和夫社長、刊行に至るまで親身になってサポートしていただいた編集部の吉盛絵里加氏、ならびに構成・執筆のお手伝いをしていただいたメディアポートの脇田健一氏にも感謝申し上げます。

著者

著者紹介

森山勝也（もりやま・かつや）

昭和22年、多良間島で生まれる。

多良間島で10歳まで暮らし、その後、宮古島の東仲で18歳まで過ごす。

18歳で風呂敷包みを下げ、片道切符で船に乗り沖縄本島へ。電気メーカー代理店勤務を経て、昭和62年40歳で株式会社琉球補聴器を創業。以来、仕事一筋で馬車馬のように働き、平成20年60歳で社長を退き会長に。平成23年63歳で完全に引退。東村で農的暮らしをスタート。現在、「もりもりファーム」を経営しながら、ハッピーリタイアを満喫中。

2018年に「日本でいちばん大切にしたい会社」大賞で審査委員会特別賞を受賞。

売《う》りたければ「買《か》ってください」は言《い》うな
創業者《そうぎょうしゃ》が息子社長《むすこしゃちょう》に伝《つた》えた27のこと

〈検印省略〉

2020年 5月 18日 第 1 刷発行
2020年 8月 1日 第 2 刷発行

著　者——森山 勝也（もりやま・かつや）
発行者——佐藤 和夫

発行所——株式会社あさ出版
〒171-0022 東京都豊島区南池袋 2-9-9 第一池袋ホワイトビル 6F
電　話 03（3983）3225（販売）
03（3983）3227（編集）
F A X 03（3983）3226
U R L http://www.asa21.com/
E-mail info@asa21.com
振　替 00160-1-720619

印刷・製本（株）シナノ

facebook http://www.facebook.com/asapublishing
twitter http://twitter.com/asapublishing

ISBN978-4-86667-149-9 C2034